Estudios Bíblicos para Niños

Hechos

Editor de versión en inglés de EUA: William A. Rolfe
Editora Ejecutiva de versión en inglés global: Allison L. G. Southerland
Editora Administrativa de versiones en otros idiomas: Allison L. G. Southerland
Comité Editorial: Dan Harris, Jenni Monteblanco, Nate Owens, Beula Postlewait, Linda Stargel y Scott Stargel
Ilustración de portada:
"Felipe y el Etíope Descubren las Buenas Nuevas" por Greg White
Director de Ministerios Internacionales de Escuela Dominical y Discipulado: Woodie J. Stevens

Publicado por:
KidzFirst Publications
17001 Prairie Star Parkway
Lenexa, KS 66220 (EUA)

Esta edición se publicó mediante un acuerdo con Nazarene Publishing House, Kansas City, Missouri EUA
A menos que se indique algo diferente, las citas bíblicas se han tomado de la Santa Biblia
Reina Valera 1960

El primer Esgrima Bíblico Infantil, creado por el Rdo. William (Bill) Young, se presentó con tres equipos de demostración del distrito de Kansas City –Kansas City First, Kansas City St. Paul's y Overland Park– en la Convención General de la Sociedad de Jóvenes Nazarenos de 1968 en Kansas City, Missouri (EUA).

ÍNDICE

¡Bienvenido!

¡Bienvenido a los *Estudios Bíblicos para Niños: Hechos!* En esta colección de estudios bíblicos, los niños aprenden cómo los discípulos de Jesús difunden el amor de Dios a todo el mundo. El Libro de Hechos lo escribió un doctor llamado Lucas, que acompañó a Pablo en sus viajes. El Libro de Hechos habla de la resurrección y ascensión de Jesús, el don del Espíritu Santo y el inicio de la iglesia. Incluso dice cuándo y dónde se usó la palabra "cristiano" por primera vez. Hechos nos dice cómo los cristianos hoy pueden seguir difundiendo las buenas nuevas acerca del amor de Dios.

Estudios Bíblicos para Niños: Hechos es uno de seis libros de la serie *Estudios Bíblicos para Niños.* Estas lecciones ayudan a los niños a comprender la cronología bíblica y el significado de los eventos bíblicos. A medida que los niños aprenden acerca de la vida de los personajes en estos estudios, descubren el amor de Dios por toda la gente y el lugar que ellos ocupan en el plan divino. Dios a veces usa milagros para cumplir su propósito. A menudo Él trabaja por medio de personas para realizar lo que desea hacer.

La filosofía de los *Estudios Bíblicos para Niños* es ayudarles a entender lo que dice la Biblia, aprender cómo Dios ayudaba a la gente, y crecer en su relación con Dios. Esto incluye estudio de la Biblia, memorización de versículos y aplicación de las enseñanzas bíblicas a situaciones de la vida real.

En los Estudios Bíblicos para Niños usamos la versión Reina Valera 1960 de la Biblia.

LIBROS

La siguiente es una breve descripción de los libros de esta serie y la forma en que interaccionan entre sí.

Génesis proporciona el fundamento. Este libro relata cómo Dios de la nada creó el mundo, formó a un hombre y una mujer, y creó un hermoso huerto como su hogar. Estas personas pecaron y experimentaron las consecuencias por su pecado. Génesis presenta el plan divino para reconciliar la relación rota entre Dios y la gente. Presenta a Adán, Eva, Noé, Abraham, Isaac y Jacob. Dios hizo un pacto con Abraham y renovó ese pacto con Isaac y Jacob. Génesis concluye con la historia de José, quien salva a la civilización de la hambruna. Esa hambruna compele al pueblo de Dios a trasladarse a Egipto.

Éxodo narra cómo Dios continuó manteniendo su promesa a Abraham. Dios rescató a los israelitas de la esclavitud en Egipto. Jehová escogió a Moisés para que guiara a los israelitas. Dios estableció su reinado sobre los israelitas. Él los guió y gobernó mediante el establecimiento del sacerdocio y el tabernáculo, los Diez Mandamientos y otras leyes, los profetas y los jueces. Al final de Éxodo, sólo una parte del pacto de Jehová con Abraham se había cumplido.

Josué, Jueces y Rut relatan cómo Dios cumplió su pacto con Abraham, que empezó en Génesis. Los israelitas conquistaron la tierra que Dios prometió a Abraham y se establecieron en ella. Los profetas, los sacerdotes, la ley y los rituales de adoración declaraban que Dios era el Señor y el Rey de los israelitas. Las 12 tribus de Israel se establecieron en la tierra prometida. Este estudio resalta a los siguientes jueces: Débora, Gedeón y Sansón.

En **1 y 2 Samuel,** los israelitas quisieron un rey porque las otras naciones tenían rey. Estos libros relatan acerca de Samuel, Saúl y David. Jerusalén llegó a ser el centro de la nación unida de Israel. Este estudio muestra cómo la gente reacciona en diferentes maneras cuando alguien la confronta con sus pecados. Mientras que Saúl culpaba a otros o daba excusas, David admitió su pecado y pidió perdón a Dios.

Mateo es el punto central de toda la serie. Se enfoca en el nacimiento, la vida y el ministerio de Jesús. Todos los libros previos de la serie apuntaban a Jesús como el Hijo de Dios y el Mesías. Jesús marcó el inicio de una nueva era. Los niños aprenden acerca de esta nueva era en varios eventos: las enseñanzas de Jesús, su muerte, su resurrección, y la instrucción a sus discípulos. Por medio de Jesús, Dios proveyó una nueva manera para que la gente tuviera una relación con Él.

En el principio de **Hechos**, Jesús ascendió al cielo, y Dios envió al Espíritu Santo para que ayudara a la iglesia. Las buenas nuevas de salvación por medio de Jesucristo se difundieron a muchas partes del mundo. Los creyentes predi-caron el evangelio a los gentiles, y empezó la obra misionera. El mensaje del amor de Dios transformaba tanto a judíos como a gentiles. Hay una conexión directa entre los esfuerzos evangelísticos de los apóstoles Pablo y Pedro con la vida de la gente hoy en día.

CICLO

El siguiente ciclo para usar esta serie es específicamente para los que participan en el aspecto opcional del Esgrima de *los Estudios Bíblicos para Niños*. Encontrará más información al respecto en la sección titulada "Esgrima Bíblico Infantil" (página 149).

*Hechos (2012-2013)
Génesis (2013-2014)
Éxodo (2014-2015)
Josué, Jueces y Rut (2015-2016)
*1 y 2 Samuel (2016-2017)
Mateo (2017-2018)

*Indica un año cuando se realiza el Esgrima Bíblico Mundial.

HORARIO

Cada libro de la serie tiene 20 lecciones. Designe de una a dos horas como tiempo de clase. El siguiente horario es una sugerencia para cada estudio:

- 15 minutos para la Actividad
- 30 minutos para la Lección Bíblica
- 15 minutos para el Versículo para Memorizar
- 30 minutos para Actividades Adicionales (opcional)
- 30 minutos para Práctica para el Esgrima (opcional)

PREPARACIÓN DEL MAESTRO

Una buena preparación de cada estudio es importante. Los niños están más atentos y entienden mejor el estudio si usted lo prepara bien y lo presenta bien. En cada lección, **el texto en letras negritas** indica lo que se sugiere que diga a los niños. Los siguientes pasos le ayudarán a prepararse.

Paso 1: Panorama Rápido. Lea el Versículo para Memorizar, la Verdad Bíblica y las Sugerencias para la Enseñanza.

Paso 2: Pasaje Bíblico y Comentario Bíblico. Lea los versículos del pasaje bíblico para la lección y la información del Comentario Bíblico, además de las Palabras Relacionadas con Nuestra Fe, Personajes, Lugares y Objetos que se incluyan.

Paso 3: Actividad. Esta sección incluye un juego u otra actividad a fin de preparar a los niños para la lección bíblica. Familiarícese con la actividad, las instrucciones y los materiales. Lleve a la clase los materiales que necesite. Antes que lleguen los niños, prepare la actividad.

Paso 4: Lección Bíblica. Repase la lección y apréndala de manera que pueda relatarla como una historia. Al final de este libro se incluye una versión de fácil lectura del pasaje para ayudarle a prepararse. Los niños quieren que el maestro narre la historia en vez de que la lea del libro. Use las Palabras Relacionadas con Nuestra Fe de cada lección para proveer información adicional al relatar la historia. Después de ésta, use las preguntas de repaso. Éstas ayudarán a los niños a comprender la historia y aplicarla a sus vidas.

Paso 5: Versículo para Memorizar. Aprenda el versículo para memorizar antes de enseñarlo a los niños. En las páginas 113-114 hay una lista de los versículos para memorizar y actividades sugeridas para la memorización. Escoja de esas actividades para ayudar a los niños a aprender el versículo. Familiarícese con la actividad que elija. Lea las instrucciones y prepare los materiales que llevará a la clase.

Paso 6: Actividades Adicionales. Éstas son una parte opcional del estudio. Estas actividades reforzarán el estudio bíblico de los niños. Muchas de ellas requieren materiales, recursos y tiempo adicionales. Familiarícese con las actividades que elija. Lea las instrucciones y prepare los materiales que llevará a la clase.

Paso 7: Práctica para el Esgrima. El esgrima es la parte de competencia de los *Estudios Bíblicos para Niños* y encontrará más información en la sección titulada "Esgrima Bíblico Infantil" (página 149). El esgrima es una parte opcional del estudio. Si deciden participar en el esgrima, pase tiempo con los niños en su preparación. Hay preguntas de práctica para cada estudio. Las primeras 10 preguntas son para el nivel básico de competencia. Las preguntas son simples y hay tres posibles respuestas para cada pregunta. Las siguientes 10 preguntas son para el nivel avanzado de competencia. Hay cuatro posibles respuestas para cada pregunta y estas preguntas son más extensas. Con la guía de su maestro, los niños eligen su nivel para la competencia. En base al número de niños y los recursos disponibles, usted puede decidir si ofrecerá sólo el nivel básico o sólo el nivel avanzado. Antes de hacer las preguntas de práctica, léales a los niños el pasaje bíblico.

Hechos 1:1–11; 2:1–8, 12–21, 36–47

El Don Prometido

COMENTARIO BÍBLICO

El libro de Lucas, los Hechos de los Apóstoles, invita a sus lectores a continuar la misión de Cristo hasta que Él regrese.

Por cuarenta días Jesús preparó a sus seguidores para que continuasen su misión. "Cuarenta" nos hace recordar a los que fueron probados antes de comenzar su ministerio: los israelitas que se perdieron en el desierto, Moisés en el monte Sinaí, Elías cuando escapó a Horeb.

Jesús repite la profecía de Isaías 32:15. El Espíritu es quien capacita a los creyentes para que testifiquen eficazmente al mundo entero.

Los seguidores de Jesús fueron bautizados con el Espíritu Santo en Pentecostés. Al principio, Pentecostés (también llamado Fiesta de las Semanas) celebraba el regalo de Dios de los Diez Mandamientos a Moisés y al pueblo de Israel, 50 días después del Éxodo de Egipto. Para los cristianos hoy, Pentecostés es una celebración del don de Dios al dar su Espíritu a todos los creyentes, 50 días después del Domingo de Resurrección.

Dios derramó su Espíritu en la comunidad de creyentes. El Espíritu los unió y les dio pasión para seguir a Cristo. Ellos recibieron el poder para comunicar claramente la verdad de Jesús al mundo entero.

Pedro invitó a sus oyentes a que se arrepintieran y fuesen bautizados. Nuevos creyentes se unieron a la comunidad de fe, y crecieron en su fe al obedecer las enseñanzas de los apóstoles, orar cada día y compartir sus bienes con los necesitados. En estos dos primeros capítulos, vemos el comienzo de la misión de Jesús para dar libertad del pecado y propagar ese mensaje hasta lo último de la tierra.

La iglesia primitiva tuvo esperanza. Vieron que Dios continuaba transformándolos por el poder del Espíritu Santo. Dios estaba revelando su reino en la tierra. Estaban entusiasmados para compartir estas buenas nuevas con todos. Como creyentes, seguimos la misión que comenzó con la iglesia fiel hace más de dos mil años. Asimismo, podemos experimentar el poder del Espíritu Santo, y seremos testigos del reino de Dios cuando Dios nos transforme.

PALABRAS RELACIONADAS CON NUESTRA FE

Espíritu Santo – El Espíritu de Dios. El Espíritu Santo nos da poder para vivir para Dios cuando confiamos en Jesús como Salvador.

Jesucristo – Jesús es el Hijo de Dios, el Salvador del mundo. Jesús es completamente Dios y completamente humano. Cristo es una palabra griega que significa "el ungido".

Mesías – Mesías es una palabra hebrea que significa "el ungido" y usualmente se traduce como "el Cristo". Se refiere a Jesucristo.

Pedro – Uno de los 12 discípulos de Jesús. Predicó el primer sermón en Pentecostés y fue líder en la iglesia primitiva.

Jerusalén – El centro de la religión judía. Jerusalén es el punto geográfico central de muchos relatos de la Biblia.

Pentecostés – Fiesta religiosa judía que se celebraba 50 días después de la Pascua. Los cristianos lo celebran como el día cuando el Espíritu Santo vino y nació la iglesia primitiva.

apóstoles – Primeros líderes de la iglesia cristiana que fueron especialmente escogidos por Jesús. Fueron embajadores de Dios a medida que la iglesia creció y se extendió.

bautismo – Ceremonia pública que simboliza el nuevo nacimiento de una persona en Cristo Jesús. El bautismo es un ritual en el que se sumerge al creyente en agua, o se le rocía o vierte agua en la cabeza. El creyente elige ser bautizado para mostrar que está iniciando una nueva vida en Cristo.

judíos – La gente que practica la religión judía. Dios estableció un pacto con Abraham en Génesis 15 y 17. A los judíos se les conoce como los descendientes de Abraham, de su hijo y su nieto (Isaac y Jacob). La Biblia también los llama israelitas.

profecía – Un mensaje de Dios a la gente. Algunas profecías dicen lo que sucederá en el futuro.

ACTIVIDAD

Invite a dos niños para que se paren frente a la clase. Pida a los demás que los miren por 10 segundos. Después, envíe a los dos niños a un lugar donde el grupo no pueda verlos.

Mientras ellos no están, pida a los otros que los describan. Escriba todos los detalles. Puede motivarlos con preguntas. Por ejemplo, hágales preguntas como las siguientes:

- ¿Estaban usando chamarra o casaca?
- ¿Tenían algo en sus manos?
- ¿De qué color eran sus zapatos?

Traiga a los dos niños de regreso al salón. Revisen las descripciones que dio el grupo.

Pregunte: **¿Qué tan exacta fue nuestra descripción?** Dé tiempo para que los niños respondan. Después diga: **Usamos muchas palabras para hablar de estas dos personas. Si ellos salieran del salón ahora y les pidiéramos a ustedes que los describan otra vez, podrían hablar de ellos con más exactitud porque los han observado de más cerca. Hoy aprenderemos cómo Jesús pidió a sus amigos que hablaran de Él.**

LECCIÓN BÍBLICA

Prepare la historia bíblica basada en el pasaje bíblico de la lección.

En las páginas 115-148 se ha impreso una versión de fácil lectura de esta lección. Los niños entenderán mejor la lección si les relata la historia en vez de leérselas.

Después de la historia, pida a los niños que respondan las siguientes preguntas. No hay respuestas correctas o erradas. Estas preguntas ayudan a los niños a entender la historia y aplicarla a sus vidas.

1. **¿Alguna vez han sentido que Dios les guiaba? ¿Cómo reconocen la dirección de Dios?** Dialoguen sobre este tema.
2. Lea el versículo para memorizar, Hechos 5:32. **¿A quiénes da Dios el Espíritu Santo?**
3. **¿Qué luchas les ha ayudado a vencer el Espíritu Santo?**
4. **El bautismo es una forma de mostrar que están dedicados a Jesucristo. También es una señal a los demás de que ustedes quieren ser parte de la familia de Dios: la iglesia. ¿Han sido bautizados ustedes? ¿Por qué sí o por qué no?**

Diga: **En esta lección, aprenderán que Dios trabajó por medio de los creyentes en la iglesia primitiva. Pero la buena obra de Dios no terminó allí. Ustedes también son parte de la historia de Dios. El don del Espíritu Santo que da Dios les ayudará a ser osados y valientes al vivir para Él.**

VERSÍCULO PARA MEMORIZAR

Enseñe el versículo para memorizar de la lección. Encontrará sugerencias de Actividades para Enseñar el Versículo para Memorizar en las páginas 113-114.

ACTIVIDADES ADICIONALES

Elija una de las siguientes opciones para que los niños mejoren su estudio de la Biblia.

1. Tome una Biblia con concordancia y busque el término "Espíritu Santo". Estudie varios pasajes adicionales que mencionen al Espíritu Santo y léalos a la clase. Dialoguen de lo que estos pasajes enseñan sobre el Espíritu Santo.

2. Estudie sobre la Fiesta de las Semanas, también llamada Pentecostés. ¿Cuál era la importancia de este tiempo? ¿Qué pasaba usualmente durante el tiempo de esta celebración?

PREGUNTAS PARA LA COMPETENCIA BÁSICA

A fin de preparar a los niños para la competencia, léales Hechos 1:1-11; 2:1-8, 12-21, 36-47.

1 ¿A quién se escribió el libro de Hechos? (1:1)
1. A César
2. A Lucas
3. **A Teófilo**

2 ¿Acerca de qué habló Jesús cuando se les apareció a los apóstoles durante cuarenta días? (1:3)
1. **Acerca del reino de Dios**
2. Acerca de su resurrección
3. Acerca de sus milagros

3 Mientras comía con los apóstoles, Jesús les mandó que no hicieran algo. ¿Qué les mandó? (1:4)
1. Que no comieran mucho
2. **Que no se fueran de Jerusalén**
3. Que no dijeran a nadie que lo habían visto

4 ¿Con qué bautizaba Juan? (1:5)
1. Con el Espíritu Santo
2. Con aceite
3. **Con agua**

5 Jesús dijo que los apóstoles recibirían algo después que el Espíritu Santo viniera sobre ellos. ¿Qué recibirían? (1:8)
1. Amor
2. **Poder**
3. Dones

6 Jesús dijo que los apóstoles serían sus testigos cuando viniera el Espíritu Santo. ¿Dónde debían ser testigos? (1:8)
1. En Jerusalén, en Judea y en Samaria
2. Hasta lo último de la tierra
3. **Ambas respuestas son correctas.**

7 ¿Quiénes profetizarán cuando Dios derrame de su Espíritu sobre toda carne? (2:17-18)
1. Los hijos y las hijas
2. Los siervos y siervas de Dios
3. **Ambas respuestas son correctas.**

8 ¿Cuántas personas se añadieron a los apóstoles el día de Pentecostés? (2:41)
1. Como 1,000
2. **Como 3,000**
3. Como 5,000

9 ¿En qué perseveraban los creyentes? (2:42)
1. En la comunión unos con otros y las oraciones
2. En el partimiento del pan
3. **Ambas respuestas son correctas.**

10 ¿Con qué frecuencia se reunían los creyentes? (2:46)
1. **Cada día**
2. Sólo los domingos
3. Una vez a la semana

PREGUNTAS PARA LA COMPETENCIA AVANZADA

A fin de preparar a los niños para la competencia, léales Hechos 1:1-11; 2:1-8, 12-21, 36-47.

1 Mientras Jesús comía con los apóstoles, ¿qué les dijo? (1:4-5)
1. Que no se fueran de Jerusalén
2. Que esperasen la promesa del Padre
3. Que serían bautizados con el Espíritu Santo
4. **Todas las respuestas son correctas.**

2 Jesús dijo que los apóstoles serían sus testigos cuando viniera el Espíritu Santo. ¿Dónde debían ser testigos? (1:8)
1. En Jerusalén
2. En toda Judea y Samaria
3. Hasta lo último de la tierra
4. **Todas las respuestas son correctas.**

3 ¿Qué dijeron los dos varones con vestiduras blancas? (1:10-11)
1. "No teman".
2. **"Jesús vendrá como le habéis visto ir al cielo".**
3. "Vayan a sus casas. No hay nada que ver aquí".
4. "Jesús fue a preparar lugar para ustedes".

4 ¿Qué sucedió cuando llegó el día de Pentecostés? (2:1-4)
1. Oyeron un estruendo como de un viento recio que soplaba.
2. Vieron lenguas repartidas, como de fuego, asentándose sobre cada uno de ellos.
3. Fueron todos llenos del Espíritu Santo y comenzaron a hablar en otras lenguas.
4. **Todas las respuestas son correctas.**

5 ¿Quiénes moraban en Jerusalén el día de Pentecostés? (2:5)
1. Cornelio y su familia
2. **Judíos piadosos de todas las naciones**
3. Jesús y los apóstoles
4. Tres mujeres llamadas María

6 Pedro citó a un profeta del Antiguo Testamento el día de Pentecostés. ¿Cuál profeta fue? (2:16-21)
1. Isaías
2. Jeremías
3. **Joel**
4. Samuel

7 ¿Qué dijo Pedro que debía saber toda la casa de Israel? (2:36)
1. **"A este Jesús, a quien vosotros crucificasteis, Dios le ha hecho Señor y Cristo".**
2. "Juan es el único que debería bautizar a la gente".
3. "Jesús nos hablará acerca de su regreso".
4. "Nosotros los apóstoles vimos a Jesús".

8 ¿Para quiénes es la promesa del Espíritu Santo? (2:38-39)
1. Para vosotros y vuestros hijos
2. Para todos los que están lejos
3. Para todos los que el Señor nuestro Dios llame
4. **Todas las respuestas son correctas.**

9 ¿Qué hacían los creyentes después que vendían sus propiedades y bienes? (2:45)
1. **Lo repartían a todos según la necesidad de cada uno.**
2. Guardaban el dinero para sí mismos.
3. Daban su dinero a la iglesia.
4. Se compraban otras cosas.

10 Completen este versículo: "Y nosotros somos testigos suyos de estas cosas, y también el Espíritu Santo, el cual ha dado Dios..." (Hechos 5:32)
1. **"... a los que le obedecen".**
2. "... a los que invocan su nombre".
3. "... a todo el que se lo pida".
4. "... a los que recibieron su espíritu".

"Y en ningún otro
hay salvación; porque
no hay otro nombre
bajo el cielo, dado
a los hombres, en
que podamos ser
salvos" (Hechos 4:12).

Verdad Bíblica

El Espíritu Santo nos da
el valor para testificar de
Jesús.

Sugerencia para
la Enseñanza

• Al dirigir el estudio
bíblico, dé testimonio a
los alumnos revelando
cómo Dios ha obrado en
su vida.

LECCIÓN DOS

Hechos 3:1–16; 4:1–22
Mejor que el Dinero

COMENTARIO BÍBLICO

Mientras Pedro y Juan se acercaban al templo para
orar, un mendigo cojo los llamó y les pidió dinero. Por su
condición física, el cojo no podía adorar a Dios en el templo. Lo consideraban impuro e intruso. En vez de darle
dinero, Pedro lo sanó en el nombre de Jesús. (Vemos un
incidente similar con Jesús en Lucas 13:10-13, una de las
muchas historias donde Jesús sanó a personas). Esta historia nos permite vislumbrar de qué trata el libro de Hechos:
los primeros creyentes proclamaron a todos las buenas
nuevas sobre Jesús y la salvación, no sólo a los religiosos
privilegiados.

El mendigo, completamente restaurado, alabó a Dios
con Pedro y Juan. Pedro declaró que la sanidad del cojo
ocurrió por el nombre de Jesús. Vemos que el poder de
Jesús no tiene límites. Él puede hacer milagros para sanar
y salvar a la gente.

Los líderes religiosos arrestaron a Pedro y Juan. Sin
embargo, los apóstoles estaban preparados porque Jesús
les enseñó a no preocuparse sobre qué decir cuando eso
pasara. El Espíritu Santo los ayudaría (Lucas 12:11-12). Así
que, guiado por el Espíritu Santo, Pedro habló con confianza frente a ese grupo de líderes religiosos enojados. Él
repitió su mensaje de las buenas nuevas de Jesús, el único
que puede salvar.

El concilio no quería que ese mensaje sobre Jesús se
difundiera. Ordenaron a los apóstoles que dejasen de predicar en el nombre de Jesús. Pedro y Juan reconocieron
que su primera obligación era obedecer a Dios. El Espíritu

ayudó a Pedro, el testigo fiel, para que hablara con valentía. Sólo unos meses antes Pedro había negado su relación con Jesús. Pero, después de Pentecostés, pudo defender públicamente a su Señor.

PALABRAS RELACIONADAS CON NUESTRA FE

saduceos – Líderes judíos de familias de sacerdotes que creían en seguir estrictamente la ley de Moisés. No creían en la resurrección de los muertos ni en ángeles. (También se les llamaba "escribas").

arrepentirse – Alejarse del pecado y volverse a Dios.

limpio e inmundo – Categorías que definen a ciertas personas, animales y alimentos según la ley y las costumbres judías. Generalmente alguien podía hacer que algo inmundo fuese limpio realizando un ritual especial, llamado lavamiento ceremonial. En el Nuevo Testamento, Jesús demostró que lo limpio e inmundo era más interno que externo. Sólo Dios puede hacer limpia a una persona. Lea Ezequiel 36:24-27 para tener más información.

salvación – Todo lo que Dios hace para perdonar a las personas de sus pecados y ayudarles a obedecerle. Sólo Dios puede salvar del pecado a la gente.

concilio – Grupo de líderes judíos que actuaban como tribunal legal.

testigo – Alguien que cuenta a otros lo que vio o experimentó. Un testigo cristiano es aquel que cuenta a otros acerca de Jesús y la salvación.

templo – Un lugar especial de adoración a Dios en Jerusalén, usado por los judíos en tiempos bíblicos. El primer templo lo contruyó Salomón. Lea los detalles en 1 Reyes 6.

ACTIVIDAD

Para esta actividad necesitará lo siguiente:

- cinta adhesiva de papel [masking tape], opcional (puede elegir otra forma para designar "la cárcel" en la lección)

Antes de la clase, use la cinta adhesiva para designar un espacio cuadrado grande en el piso para que sea "la cárcel". Esta área debe ser lo suficientemente grande para que los alumnos se paren o sienten allí.

Durante el estudio, lea y discutan los puntos principales de la historia bíblica. Dirija el diálogo de modo que los niños hablen de Jesús. Cada vez que alguien mencione a Jesús, él o ella debe ir a la cárcel. Diga: **En el tiempo de Pedro y Juan, a muchos creyentes los arrestaron y los encerraron en la cárcel por hablar de Jesús. ¿Qué creen que hacían ellos en la cárcel?**

LECCIÓN BÍBLICA

Prepare la historia bíblica basada en el pasaje bíblico de la lección.

En las páginas 115-148 se ha impreso una versión de fácil lectura de esta lección.

Los niños entenderán mejor la lección si les relata la historia en vez de leérsela.

Después de la historia, pida a los niños que respondan las siguientes preguntas. No hay respuestas correctas o erradas. Estas preguntas ayudan a los niños a entender la historia y aplicarla a sus vidas.

1. **¿Qué le dieron Pedro y Juan al mendigo cojo? ¿Creen ustedes que eso fue valioso? ¿Por qué sí o por qué no?**

2. **¿Recibió el cojo lo que esperaba? Si ustedes fueran el mendigo cojo, ¿cómo se sentirían en cuanto a su experiencia de sanidad?**

3. **Cuando uno se arrepiente del pecado, Dios a menudo comienza a cambiar su forma de pensar y sus ideas sobre ciertos temas. ¿En qué formas ha cambiado Dios sus pensamientos? ¿Qué otras cosas empiezan a cambiar cuando cambian sus pensamientos?**

4. **¿Cómo creen que se sintieron Pedro y Juan al estar frente a la misma gente que había sentenciado a Jesús a morir? ¿Estaba el Espíritu Santo con Pedro y Juan? ¿Cómo lo saben?**

5. **¿Pueden pensar en algunos momentos cuando es difícil para los cristianos hacer lo que es correcto en vez de seguir lo que hace la multitud?**

Diga: **A veces es difícil para los cristianos hacer lo que es correcto. Sin embargo, podemos confiar en que el Espíritu Santo estará con nosotros cuando obedecemos a Dios. El Espíritu Santo es nuestra fuente de esperanza, valor y paz.**

VERSÍCULO PARA MEMORIZAR

Enseñe el versículo para memorizar de la lección. Encontrará sugerencias de Actividades para Enseñar el Versículo para Memorizar en las páginas 113-114.

ACTIVIDADES ADICIONALES

Elija una de las siguientes opciones para que los niños mejoren su estudio de la Biblia.

1. En la internet o en libros de referencia estudie otra religión. ¿Qué dice esa religión sobre cómo se obtiene salvación? ¿Cuáles son los pasos que debe tomar una persona? Compare esas ideas con lo que creemos. Lea Hechos 4:12 otra vez. ¿Qué cree usted en cuanto a la salvación? Comparta con la clase su investigación.

2. Busque toda la información que pueda hallar en cuanto al templo, y haga un dibujo o modelo de él.

PREGUNTAS PARA LA COMPETENCIA BÁSICA

A fin de preparar a los niños para la competencia, léales Hechos 3:1-16; 4:1-22.

1 ¿Cuándo fueron al templo Pedro y Juan? (3:1)
1. A la hora de la oración
2. A la hora novena
3. **Ambas respuestas son correctas.**

2 ¿Cuál era el nombre de la puerta del templo? (3:2)
1. La Grandiosa
2. **La Hermosa**
3. La Bella

3 ¿Qué sucedió después que Pedro tomó al cojo por la mano? (3:7-8)
1. **El cojo se puso en pie y anduvo.**
2. El cojo se cayó y empezó a llorar.
3. Pedro cargó al cojo y lo llevó al templo.

4 Por la fe en el nombre de Jesús, ¿qué le sucedió al cojo? (3:16)
1. Él llegó a ser predicador.
2. **Él recibió completa sanidad.**
3. Él recibió mucho dinero.

5 ¿Qué hicieron con Pedro y Juan los sacerdotes, el jefe de la guardia del templo y los saduceos? (4:1-3)
1. Trataron de matarlos.
2. Les pagaron por sanar al cojo.
3. **Les echaron mano y los pusieron en la cárcel.**

6 El número de creyentes creció después que Pedro y Juan sanaron al hombre. ¿A cuántos creció el número de varones? (4:4)
1. **Como 5,000**
2. Como 7,000
3. Como 10,000

7 Cuando Pedro habló a los gobernantes y ancianos del pueblo, ¿cómo lo describe el libro de Hechos? (4:8)
1. Pedro estaba emocionado.
2. **Pedro estaba lleno del Espíritu Santo.**
3. Pedro estaba temeroso.

8 ¿Quién es la piedra que los edificadores reprobaron, la cual ha venido a ser cabeza del ángulo? (4:10-11)
1. Pedro
2. **Jesús**
3. Juan

9 ¿Qué sucedió cuando los gobernantes y ancianos del pueblo vieron el denuedo de Pedro y Juan? (4:13)
1. Tuvieron miedo.
2. Se emocionaron.
3. **Se maravillaban.**

10 Después que Pedro y Juan sanaron al cojo, ¿qué les ordenaron los gobernantes y ancianos del pueblo? (4:18)
1. Que se fuesen a su casa a descansar.
2. Que contaran a todos lo que habían visto y oído.
3. **Que no hablasen ni enseñasen en el nombre de Jesús.**

PREGUNTAS PARA LA COMPETENCIA AVANZADA

A fin de preparar a los niños para la competencia, léales Hechos 3:1-16; 4:1-22.

1 ¿Qué hacía el hombre cojo en la puerta del templo llamada la Hermosa? (3:2)
1. Comía allí.
2. Vendía frutas y verduras.
3. **Pedía limosna cada día.**
4. Descansaba allí mientras otros adoraban a Dios.

2 ¿Cuánta plata y oro le dio Pedro al hombre cojo? (3:6)
1. **Nada**
2. 10 siclos
3. Medio siclo
4. 100 siclos

3 Después que el cojo empezó a caminar, ¿qué hizo él? (3:8)
1. Entró en el templo con Pedro y Juan.
2. Anduvo y saltó.
3. Alabó a Dios.
4. **Todas las respuestas son correctas.**

4 ¿De qué fueron testigos Pedro y Juan? (3:15)
1. De que el cojo fingía su enfermedad
2. De que el cojo era ladrón
3. **De que Dios resucitó a Jesús de los muertos**
4. De que Jesús volvió así como había sido tomado al cielo

5 ¿Qué dio completa sanidad al hombre cojo? (3:16)
1. La magia
2. La medicina
3. **La fe**
4. El poder de Pedro

6 A Pedro y a Juan los pusieron en la cárcel. ¿Qué sucedió después? (4:3-4)
1. **Muchos de los que habían oído la palabra, creyeron, y el número de los varones era como cinco mil.**
2. El cojo que fue sanado quedó libre.
3. Pedro y Juan escaparon.
4. Todas las respuestas son correctas.

7 Según Pedro, ¿en el nombre de quién fue sanado el hombre? (4:9-10)
1. En el nombre de Pedro
2. En el nombre de Dios
3. En el nombre de los ciudadanos de Jerusalén
4. **En el nombre de Jesucristo de Nazaret**

8 Pedro y Juan dijeron que no podían dejar de decir algo. ¿Qué era? (4:19-20)
1. Del hombre que fue sanado
2. Cómo Jesús ascendió al cielo
3. **Lo que vieron y oyeron**
4. Cómo fueron maltratados en la cárcel

9 ¿Por qué los gobernantes permitieron que Pedro y Juan salieran libres? (4:21)
1. Porque Pedro y Juan pagaron una multa
2. **Porque toda la gente glorificaba a Dios por lo que había sucedido**
3. Porque la cárcel estaba llena
4. Porque alguien los sobornó

10 Completen este versículo: "Y en ningún otro hay salvación; porque no hay otro nombre bajo el cielo, dado a los hombres..." (Hechos 4:12)
1. "... al cual debamos obedecer".
2. "... tan poderoso como el nombre de Jesús".
3. "... al que debamos temer".
4. **"... en que podamos ser salvos".**

Hechos 4:23–5:11
De un Corazón y un Alma

COMENTARIO BÍBLICO

A veces los creyentes de la iglesia primitiva decidían compartir con otros sus bienes o el dinero de la venta de sus propiedades. La caridad en la comunidad fomentaba la amistad, la madurez y una confianza radical en Dios. Sin embargo, dar dinero y propiedades era voluntario.

Hay dos ejemplos diferentes de creyentes que compartieron sus bienes: uno con honestidad y otro con engaño.

Bernabé vendió una heredad y dio el dinero a los apóstoles. Este es un ejemplo de cómo ser un dador fiel y honesto. Después veremos el papel de Bernabé, como alguien que alentaba a los creyentes cuando apoyó a Pablo en su ministerio.

Hubo otros dos creyentes que fueron lo opuesto de Bernabé: Ananías y su esposa Safira. Ellos también vendieron su heredad, pero guardaron parte del dinero para sí mismos. Cuando dieron parte del dinero a los discípulos, fingieron que era la cantidad total. Esta historia nos da el primer informe de pecado en la iglesia primitiva. Ellos pecaron al mentir a Dios y los demás.

Los apóstoles dieron a ambos la oportunidad de arrepentirse, pero siguieron mintiendo. El castigo fue rápido y ambos murieron.

El castigo para Ananías y Safira quizás parezca severo. Sin embargo, la iglesia primitiva aprendió una lección importante. Aunque su fe en Jesús les libró de algunas de las restricciones de las leyes judías, eso no significaba libertad para ser inmorales. La mentira y la falta de respeto a la autoridad no podían tener lugar en la comunidad de fe.

Desafortunadamente, la obra del Espíritu en la vida de Ananías y Safira no cambió su amor por el prestigio y el dinero. La obra del Espíritu en la vida del creyente debe llevarle a la libertad y generosidad, cómo Bernabé lo demostró. ¡Sigamos su ejemplo!

PALABRAS RELACIONADAS CON NUESTRA FE

creyente – La persona que cree que Jesús es Hijo de Dios. Los creyentes aceptan a Jesús como su Salvador, lo aman y obedecen.

ACTIVIDAD

Para esta actividad necesitará lo siguiente:
• Un regalo barato para cada alumno (por ejemplo: un pedazo de fruta, pan, galleta, dulce, un juguetito u otra cosa simple)
• dinero de juguete (use dinero de algún juego o haga el suyo, cortando tiras de papel y escribiendo distintas cantidades en cada una)

Distribuya los regalos baratos a algunos de los niños, no a todos.

Indíqueles que no deben jugar con su nueva posesión o comerla. Designe a un líder adulto o a un niño para que se encargue del dinero de juguete. Anime a los niños a vender sus posesiones y luego dar el dinero a alguien que no tenga una posesión. Anime al banquero a comprar y vender las cosas de modo que, al final, cada alumno tenga un regalo.

Diga: **Los regalos representan nuestras necesidades diarias. Dios quiere que seamos compasivos y generosos unos con otros. Cuando damos, ayudamos a los que tienen necesidad. Los primeros cristianos ayudaban a otros y nosotros también podemos hacerlo.**

Dialoguen de cómo los primeros cristianos se ayudaban unos a otros, vendiendo algunas de sus posesiones para ayudar a los que estaban necesitados.

LECCIÓN BÍBLICA

Prepare la historia bíblica basada en el pasaje bíblico de la lección.

En las páginas 115-148 se ha impreso una versión de fácil lectura de esta lección.

Los niños entenderán mejor la lección si les relata la historia en vez de leérsela.

Después de la historia, pida a los niños que respondan las siguientes preguntas. No hay respuestas correctas o erradas. Estas preguntas ayudan a los niños a entender la historia y aplicarla a sus vidas.

1. **Cuando a Pedro y Juan los soltaron de la cárcel, volvieron a reunirse con los creyentes y oraron juntos. Oraron pidiendo denuedo para predicar la Palabra de Dios. ¿Qué tan importante debería ser la oración en nuestra vida?**
2. **Los creyentes compartían lo que tenían con los que estaban necesitados. ¿Cómo pueden los cristianos hoy compartir lo que tienen con la gente necesitada?**
3. **Ananías y Safira no fueron honestos con Dios. Hay distintas maneras en que la gente a veces es deshonesta. ¿Cuáles son algunas de esas maneras?**
4. **Después que Ananías y Safira murieron, la iglesia primitiva vio que sus decisiones tenían consecuen-**

cias. ¿Qué piensan que aprendieron ellos con esta experiencia?

Diga: **Dios quiere que veamos que nuestras decisiones afectan nuestro mundo y nuestras relaciones. Las malas decisiones causan consecuencias negativas, y las buenas decisiones causan consecuencias positivas. Dios nos ama. Dios es misericordioso y justo en su amor. Podemos confiar en que Él es un juez bueno. Él siempre hará lo que es correcto.**

VERSÍCULO PARA MEMORIZAR

Enseñe el versículo para memorizar de la lección. Encontrará sugerencias de Actividades para Enseñar el Versículo para Memorizar en las páginas 113-114.

ACTIVIDADES ADICIONALES

Elija una de las siguientes opciones para que los niños mejoren su estudio de la Biblia.

1. En Hechos 4:24-30 los creyentes oraron y alabaron a Dios por todo lo que hizo. Le pidieron denuedo para predicar la Palabra. Lea esa oración. Luego, con sus alumnos escriba una "oración de los creyentes" que puedan decir juntos. La "oración de los creyentes" en Hechos menciona un pasaje bíblico que ellos conocían. También menciona problemas y alabanzas que ese grupo de creyentes tenían en común. Use la oración de Hechos como modelo para escribir una oración que sea significativa para su clase.

2. Bernabé fue uno de los creyentes que vendió su heredad y dio el dinero a los apóstoles. El nombre de una persona a menudo tiene un significado especial. Bernabé significa "hijo de consolación". Pregunte a los alumnos si sus nombres tienen un significado especial. Si puede, antes de la clase investigue lo que significa el nombre de algunos de sus alumnos.

3. Provea un pedazo de papel a cada alumno. Ayúdeles a escribir sus nombres con letras grandes y adornadas. Decore el papel y pinte un borde ancho y negro alrededor de cada uno. Anime a los niños a colgar el cuadro en sus dormitorios o en alguna pared de sus casas.

PREGUNTAS PARA LA COMPETENCIA BÁSICA

A fin de preparar a los niños para la competencia, léales Hechos 4:23–5:11.

1 Después que Pedro y Juan dieron su informe, la gente oró. ¿Qué sucedió después? (4:31)

    1. El lugar donde estaban reunidos tembló.

    2. Todos fueron llenos del Espíritu Santo y hablaban con denuedo la palabra de Dios.

    3. Ambas respuestas son correctas.

2 ¿Quiénes eran de un corazón y un alma? (4:32)

    1. Los judíos

    2. La multitud de los que habían creído

    3. Los gentiles

3 ¿Qué hacían los creyentes con sus posesiones? (4:32)

    1. Tenían todas las cosas en común.

    2. Se volvieron egoístas y guardaban todo para sí mismos.

    3. Ninguno de ellos tenía posesiones.

4 ¿Cuántos necesitados había entre los creyentes? (4:34)

    1. Sólo algunos

    2. Centenares

    3. Ninguno

5 ¿Qué significa el nombre Bernabé? (4:36)

    1. Hijo de Dios

    2. Hijo de consolación

    3. Hijo del trueno

6 ¿Quiénes vendieron una heredad y se guardaron parte del dinero? (5:1-2)

    1. Ananías y Safira

    2. Bernabé y José

    3. Ambas respuestas son correctas.

7 Pedro dijo que Ananías mintió. ¿A quién le mintió? (5:3-4)

    1. A Pedro

    2. A su esposa, Safira

    3. Al Espíritu Santo

8 Pedro le preguntó a Safira: "¿Vendisteis en tanto la heredad?" ¿Qué le respondió Safira? (5:7-8)

    1. "Sí, en tanto".

    2. "¿Qué dijo Ananías?"

    3. "No, recibimos más".

9 ¿Qué le sucedió a Safira? (5:10)

    1. Cayó a los pies de Pedro y expiró.

    2. La sepultaron junto a su marido.

    3. Ambas respuestas son correctas.

10 Completen este versículo: "Y de hacer bien y de la ayuda mutua no os olvidéis; porque de tales sacrificios..." (Hebreos 13:16)

    1. "... recibiréis recompensa".

    2. "... se agrada Dios".

    3. "... resultan grandes cosas".

PREGUNTAS PARA LA COMPETENCIA AVANZADA

A fin de preparar a los niños para la competencia, léales Hechos 4:23–5:11.

1 ¿Qué hizo la gente cuando Pedro y Juan informaron todo lo que los principales sacerdotes y los ancianos les habían dicho? (4:23-24)
1. **Alzaron unánimes la voz y oraron a Dios.**
2. Clamaron con incredulidad.
3. Rasgaron sus vestiduras y lloraron.
4. Hicieron una celebración.

2 Después que Pedro y Juan salieron libres, la gente oró. ¿Qué sucedió después? (4:31)
1. El lugar en que estaban congregados tembló.
2. Todos fueron llenos del Espíritu Santo.
3. Hablaban con denuedo la palabra de Dios.
4. **Todas las respuestas son correctas.**

3 ¿Quiénes tenían todas las cosas en común? (4:32)
1. Sólo Pedro y Juan
2. Sólo las mujeres y los niños
3. **La multitud de los que habían creído**
4. Nadie

4 ¿A quién le pusieron por sobrenombre Bernabé? (4:36)
1. A Pedro, uno de los apóstoles
2. **A José, un levita de Chipre**
3. Al sumo sacerdote
4. Al apóstol que remplazó a Judas Iscariote

5 ¿Qué hizo Bernabé con el dinero por una heredad que vendió? (4:36-37)
1. Se guardó todo el dinero para él.
2. Guardó parte del dinero para él.
3. Compró una casa para los apóstoles.
4. **Lo puso a los pies de los apóstoles.**

6 Según Pedro, ¿a quién le mintió Ananías? (5:3)
1. A los apóstoles
2. A su esposa, Safira
3. **Al Espíritu Santo**
4. Todas las respuestas son correctas.

7 ¿Cuándo cayó y expiró Ananías? (5:3-5)
1. Cuando vio a Pedro
2. Cuando Safira le dijo que Pedro sabía lo que ellos habían hecho
3. **Después que Pedro dijo que Ananías había mentido a Dios**
4. Cuando los apostoles le preguntaron a Pedro acerca del dinero

8 ¿Cuánto dijo Safira que habían recibido por la heredad? (5:7-8)
1. No lo suficiente
2. **La cantidad que Ananías dio a los apóstoles**
3. Más de lo que Ananías dio a los apóstoles
4. Ella no sabía cuánto habían recibido por la heredad.

9 ¿Qué vino sobre toda la iglesia y sobre todos los que oyeron acerca de Ananías y Safira? (5:11)
1. Profunda paz
2. **Gran temor**
3. Una ira terrible
4. Orgullo

10 Según Hebreos 13:16, ¿de qué no nos debemos olvidar?
1. De orar cada noche antes de dormir
2. De dar todo nuestro dinero a los pobres
3. **De hacer bien y de la ayuda mutua**
4. De leer la Biblia y asistir a la iglesia

Versículo para Memorizar

"Bienaventurado el varón que soporta la tentación; porque cuando haya resistido la prueba, recibirá la corona de vida, que Dios ha prometido a los que le aman" (Santiago 1:12).

Verdad Bíblica

Dios está con nosotros, aun en tiempos de persecución.

Sugerencias para la Enseñanza

• Recuérdeles a los niños que siempre debemos defender lo que es correcto, aun cuando estemos solos. Debemos depender de la ayuda de Dios para permanecer fuertes contra la multitud.

• El perdón y la reconciliación son conceptos importantes que debemos aprender. Sin embargo, los niños también deben saber que Dios valora la justicia y las relaciones correctas. Dios nos llama a proteger y cuidar a niños que sufren maltrato o abuso.

LECCIÓN CUATRO

Hechos 6:1–15; 7:51–8:3

Esteban es Apedreado y la Iglesia se Esparce

COMENTARIO BÍBLICO

La iglesia primitiva enfrentó muchos problemas, incluyendo prejuicio y persecución. A los primeros cristianos los conocían por su generosidad y caridad. Pero, un problema por la distribución injusta de comida amenazó dividir a la iglesia. Los apóstoles afrontaron bien el conflicto. Reconocieron que necesitaban más líderes para trabajar en áreas específicas de ministerio. Esteban fue uno de esos líderes a quienes los apóstoles asignaron deberes administrativos. Los apóstoles lo eligieron junto con otras seis personas. Estos varones eran sabios y llenos del Espíritu Santo. Gracias a su fidelidad, las buenas nuevas de Jesús se propagaron rápidamente.

El ministerio de Esteban no se limitó a distribuir alimentos. Él predicaba y hacía milagros, como los que Joel profetizó y Pedro mencionó en su sermón el día de Pentecostés. Como en el caso de Pedro, su predicación no agradó a ciertos líderes religiosos. Éstos mintieron y pagaron a otros para que mintieran, de modo que Esteban fuese llevado a juicio ante su tribunal religioso, el concilio. Aunque Esteban era inocente y sus acusadores mintieron, el concilio lo ejecutó.

La vida y muerte de Esteban se asemejan a otros relatos bíblicos. La visión que Esteban tuvo de Dios es un eco de la historia del encuentro de Moisés con Dios en el monte Sinaí (Éxodo 34:29). Las acusaciones contra Esteban se parecen a las que hicieron contra Jesús. Esteban comparó a sus acusadores con los israelitas impenitentes en el desierto. Tal como Jesús, en el momento de su muerte, la preocupación de Esteban fue el perdón para sus asesinos. Esteban fue el primer mártir cristiano, y reflejó el corazón y la mente de Jesús en su vida y también en su muerte.

Después de la ejecución de Esteban, empezó un período de persecución contra la iglesia. Al final de la historia de Esteban, el lector de Hechos conoce a Saulo, el personaje principal del libro. Saulo y otros enemigos del cristianismo intentaron eliminar el mensaje de Jesucristo al perseguir a los primeros creyentes.

Sin embargo, en vez de impedir el mensaje, esa persecución esparció a los creyentes e hizo que el mensaje de Dios se difundiera aun más. Esos creyentes confiaron en que el Espíritu Santo los ayudaría cada día para ser valientes y compartir el mensaje de Dios dondequiera que fueran.

PALABRAS RELACIONADAS CON NUESTRA FE

blasfemia – El acto de hablar de Dios en forma impropia. La gente a menudo acusó a Jesús de hablar blasfemias.

profeta – Alguien a quien Dios ha escogido para recibir y transmitir sus mensajes.

sinagoga – La palabra significa "asamblea", y en la Biblia se refiere a un lugar de oración de los judíos.

persecución – Maltrato físico, burlas o sufrimiento que una persona experimenta por parte de otros debido a lo que cree.

prejuicio – Una idea preconcebida o predisposición hacia miembros de cierto grupo.

perdón – El acto de liberar a alguien de un castigo que merece.

ACTIVIDAD

Para esta actividad necesitará lo siguiente:
- varitas fosforescentes o luminosas, linternas pequeñas o velas

Durante el estudio entregue a cada alumno una varita luminosa, linterna o vela. Pida a los niños que se paren en fila. Apague la luz y pida al primer niño que produzca una luz (rompiendo la varita, encendiendo la linterna o la vela). Luego pida al siguiente niño que haga lo mismo. Continúe con la fila hasta crear una cadena de luces.

Pregunte: **¿Cómo estaba el salón antes de encender las luces? ¿Qué sucede a medida que más personas encienden sus luces? ¿Cómo ilustra esto lo que pasa en el mundo a medida que la gente escucha acerca del evangelio?** Diga: **Así como juntos creamos una cadena de luces, los discípulos necesitaban ayuda para cuidar de los creyentes y difundir la luz de las buenas nuevas acerca de Jesús. ¿Qué hicieron ellos para conseguir la ayuda que necesitaban?**

LECCIÓN BÍBLICA

Prepare la historia bíblica basada en el pasaje bíblico de la lección.

En las páginas 115-148 se ha impreso una versión de fácil lectura de esta lección.

Los niños entenderán mejor la lección si les relata la historia en vez de leérsela.

Después de la historia, pida a los niños que respondan las siguientes preguntas. No hay respuestas correctas o erradas. Estas preguntas ayudan a los niños a entender la historia y aplicarla a sus vidas.

1. ¿Por qué los griegos no estaban contentos? Expliquen su respuesta. ¿Cómo cuidan los cristianos de los necesitados ahora?
2. Cuando no están de acuerdo con su hermano o hermana acerca de algo, ¿cómo pueden llegar a una decisión justa?
3. Al ver la reacción de Esteban hacia los que lo apedreaban, ¿en qué fue similar a lo que Jesús hizo en la cruz?
4. Saulo empezó a perseguir a la iglesia después de la muerte de Esteban. ¿Son perseguidos los cristianos en este tiempo? ¿Alguna vez los han perseguido a ustedes?
5. ¿Cómo piensan que Dios desea que respondamos cuando enfrentamos problemas de injusticia y persecución? Lea Miqueas 6:8.

Diga: **En la vida nos sucederán muchas cosas que no podremos controlar. Sin embargo, podemos elegir cómo responder a esas situaciones. Dios espera que demostremos amor, misericordia, justicia y que lo obedezcamos humildemente a Él en todo tiempo.**

VERSÍCULO PARA MEMORIZAR

Enseñe el versículo para memorizar de la lección. Encontrará sugerencias de Actividades para Enseñar el Versículo para Memorizar en las páginas 113-114.

ACTIVIDADES ADICIONALES

Elija una de las siguientes opciones para que los niños mejoren su estudio de la Biblia.

1. A Esteban lo ejecutaron debido a su fe. Pida a los alumnos que investiguen a otros a quienes mataron por su fe (mártires). Usen una enciclopedia o diccionario bíblico para encontrar la información.

2. Ayude a los alumnos a entrevistar a personas mayores en sus familias, iglesias o comunidades. Hagan preguntas sobre personas que han fallecido. Escriban el nombre de la persona, su edad cuando falleció, y cualquier otra información disponible. Pregunten sobre la fe de la persona y qué influencia tuvo en aquellos a su alrededor. Noten las semejanzas y las diferencias con la vida y muerte de Esteban.

PREGUNTAS PARA LA COMPETENCIA BÁSICA

A fin de preparar a los niños para la competencia, léeles Hechos 6:1-15; 7:51—8:3.

1 ¿Acerca de qué murmuraban los griegos? (6:1)
1. Sus hombres no tenían suficiente trabajo.
2. **Sus viudas eran desatendidas.**
3. Ambas respuestas son correctas.

2 ¿Quién era un varón lleno de fe y del Espíritu Santo? (6:5)
1. **Esteban**
2. Nicolás
3. Felipe

3 ¿A qué no podían resistir los miembros de la sinagoga de los libertos? (6:9-10)
1. A la sabiduría de Esteban
2. Al Espíritu con que Esteban hablaba
3. **Ambas respuestas son correctas.**

4 Cuando el concilio fijó los ojos en Esteban, ¿qué vieron en su rostro? (6:15)
1. Vieron que su rostro estaba lleno de temor.
2. **Vieron su rostro como el rostro de un ángel.**
3. Vieron que su rostro no mostraba ninguna emoción.

5 ¿En qué eran los miembros del concilio iguales a sus padres? (7:51)
1. **Resistían siempre al Espíritu Santo.**
2. No daban alimento a las viudas.
3. Seguían siempre al Espíritu Santo.

6 ¿Qué vio Esteban cuando puso los ojos en el cielo? (7:55-56)
1. Vio a los ángeles postrándose a los pies de Dios.
2. **Vio al Hijo del Hombre que está a la diestra de Dios.**
3. Vio a los apóstoles junto a Jesús.

7 ¿Qué oró Esteban mientras lo apedreaban? (7:59)
1. "Señor Jesús, quita de mí este castigo".
2. "Señor Jesús, castiga a esta gente".
3. **"Señor Jesús, recibe mi espíritu".**

8 ¿Quién consentía en la muerte de Esteban? (8:1)
1. **Saulo**
2. Pedro
3. Juan

9 ¿Qué sucedió el día que murió Esteban? (8:1)
1. Mucha gente se enfermó y murió.
2. El Espíritu Santo llenó a todos los creyentes.
3. **Hubo una gran persecución contra la iglesia en Jerusalén.**

10 Después de la muerte de Esteban, ¿qué hizo Saulo? (8:3)
1. Asolaba la iglesia.
2. Entrando casa por casa, arrastraba a hombres y mujeres, y los entregaba en la cárcel.
3. **Ambas respuestas son correctas.**

PREGUNTAS PARA LA COMPETENCIA AVANZADA

A fin de preparar a los niños para la competencia, léeles Hechos 6:1-15; 7:51—8:3.

1 ¿Cómo describe a Esteban el libro de Hechos? (6:5)
1. **Un varón lleno de fe y del Espíritu Santo**
2. Un hombre rico con muchas propiedades
3. Un hombre con un trabajo sin importancia
4. Todas las respuestas son correctas.

2 ¿Qué sucedió cuando los miembros de la sinagoga de los libertos trataron de disputar con Esteban? (6:9-10)
1. Ellos ganaron la discusión.
2. **No podían resistir a la sabiduría y al Espíritu con que él hablaba.**
3. Esteban se enojó y discutió con ellos.
4. El Señor los mató.

3 ¿Qué debían decir de Esteban los que fueron sobornados? (6:11)
1. **Que le habían oído hablar palabras blasfemas contra Moisés y contra Dios**
2. Que Esteban no había hecho nada malo y que lo dejasen seguir trabajando entre ellos
3. Que se llevaran a Esteban y sus mentiras lejos de ellos
4. Que todo lo que decía Esteban era verdad

4 Al fijar los ojos en Esteban, ¿qué vieron los que estaban sentados en el concilio? (6:15)
1. Vieron que los ojos de Esteban estaban cerrados.
2. Vieron que él se reía.
3. Vieron ángeles alrededor de él.
4. **Vieron su rostro como el rostro de un ángel.**

5 ¿Qué hizo Esteban cuando estaba lleno del Espíritu Santo? (7:55)
1. Puso los ojos en el cielo.
2. Vio la gloria de Dios.
3. Vio a Jesús que estaba a la diestra de Dios.
4. **Todas las respuestas son correctas.**

6 ¿Qué hicieron los testigos del apedreamiento de Esteban? (7:58)
1. Oraron por Esteban.
2. Clamaron angustiados.
3. Animaron a los que lo apedreaban.
4. **Pusieron las ropas de Esteban a los pies de Saulo.**

7 ¿Qué clamó Esteban cuando se puso de rodillas? (7:60)
1. "Señor, castígalos por este pecado contra mí".
2. "Señor, por favor, ayúdame".
3. **"Señor, no les tomes en cuenta este pecado".**
4. "Señor, protege a los otros creyentes".

8 ¿Quiénes fueron esparcidos por Judea y Samaria porque hubo una gran persecución contra la iglesia en Jerusalén? (8:1)
1. **Todos salvo los apóstoles**
2. Sólo Felipe y Esteban
3. Todos los judíos
4. Ninguno

9 ¿Qué hizo Saulo después de la muerte de Esteban? (8:3)
1. Asolaba la iglesia.
2. Entraba casa por casa.
3. Arrastraba a hombres y mujeres y los entregaba en la cárcel.
4. **Todas las respuestas son correctas.**

10 Completen este versículo: "Bienaventurado el varón que soporta la tentación; porque cuando haya resistido la prueba, recibirá..." (Santiago 1:12)
1. "... inmensas recompensas y vida eterna".
2. **"... la corona de vida, que Dios ha prometido a los que le aman".**
3. "... todo lo que desee".
4. "... diez veces lo que él sacrificó".

Versículo para Memorizar

"La exposición de tus palabras alumbra; hace entender a los simples" (Salmos 119:130).

Verdad Bíblica

Dios nos ayuda a comprender sus palabras para que podamos tener una relación con Él.

Sugerencias para la Enseñanza

• Cuando Juan y Pedro fueron a Samaria para saludar a los creyentes, eso marcó un evento histórico. Por cientos de años había existido separación, resentimiento y desprecio entre judíos y samaritanos. Años de hostilidad dieron paso a un espíritu de unidad y unión cuando esos hombres llegaron a ser hermanos en Cristo.

• En esta historia, Etiopía se refiere a un lugar diferente de la Etiopía actual. Era una combinación del sur de Egipto y el norte de Sudán de hoy. La Biblia también se refiere a esta área como Cus y Nubia.

Hechos 8:4–40
Felipe en el Camino

COMENTARIO BÍBLICO

Después que la iglesia se esparció, los creyentes predicaban dondequiera que iban.

Felipe fue uno de los primeros creyentes que salieron de Jerusalén debido a la persecución. Él fue a Samaria y predicó sobre el reino de Dios. Por su obediencia, muchos creyeron y fueron bautizados, incluso un hechicero llamado Simón.

Gracias al trabajo fiel de Felipe, Pedro y Juan fueron desde Jerusalén para orar por los nuevos creyentes. Los apóstoles les impusieron las manos y ellos recibieron el Espíritu Santo. Al ver esto Simón, quiso comprar el poder para dar el Espíritu Santo a la gente. Como Ananías y Safira, esta historia nos habla de un creyente que pecó, y cómo los apóstoles corrigieron la situación rápidamente.

Pedro reprendió a Simón porque le impresionó más la muestra de poder que el deseo de que otros fuesen salvos. Quería controlar al Espíritu de Dios para seguir siendo una persona poderosa. Pedro dijo que el corazón de Simón no era recto ante Dios y que debía arrepentirse de su maldad. Simón reconoció la autoridad de Pedro y le pidió que orara por él. No se dice claramente si Pedro lo hizo o si se arrepintió Simón de su pecado. El arrepentimiento implica un cambio de pensamiento, intenciones y acciones: es apartarse de los deseos egoístas y volverse a Dios.

Después, el Espíritu dirigió a Felipe a hablar con un eunuco etíope. Según Deuteronomio 23:1, a un eunuco no se le permitía entrar en el templo. Aun así, éste era un hombre devoto y fue a Jerusalén para adorar. Estaba de regreso a su casa cuando se encontró con Felipe. Éste le explicó que Jesús era el Cristo. Estas nuevas sobre Jesús ayudaron al etíope a entender mejor el mensaje del amor de Dios. Esta revelación cambió su vida. Felipe bautizó al etíope.

PALABRAS RELACIONADAS CON NUESTRA FE

mago o hechicero – Una persona que practica magia negra, o que usa encantamientos o maleficios para obtener poderes sobrenaturales mediante espíritus malignos. Simón era un mago o hechicero que alardeaba de su poder en vez del poder de Dios.

pecar – Desobedecer a Dios. Pecar es poner la voluntad propia por encima de la voluntad de Dios. Pecado puede referirse a la condición espiritual o acción de una persona.

eunuco – Un hombre que no puede tener hijos. Los eunucos a menudo eran miembros de la corte real.

ACTIVIDAD

Antes de la clase, pida la ayuda de un adulto a quien le guste hacer cosas graciosas que hagan reír a los niños. Durante la clase, anime a los niños a jugar "Sigan al líder". El líder realizará una acción (brincar repetidamente, saltar en un pie, doblarse las orejas, etc.). Los niños imitarán lo que haga el líder. Después de unos segundos, el líder cambiará de acción y los alumnos deberán hacer exactamente lo mismo. La duración del juego dependerá del tiempo que tengan disponible.

Diga: **La lección bíblica de hoy es acerca de Felipe. Saulo buscaba a los cristianos para arrestarlos. Iba de casa en casa para encontrarlos. Como los cristianos ya no estaban a salvo en Jerusalén, se fueron en distintas direcciones. Cuando Felipe se fue de Jerusalén, él siguió a su líder: Dios. El Espíritu de Dios lo guió a Samaria y al desierto. En la lección de hoy aprenderemos más de lo que hizo Felipe cuando siguió a su líder.**

LECCIÓN BÍBLICA

Prepare la historia bíblica basada en el pasaje bíblico de la lección.

En las páginas 115-148 se ha impreso una versión de fácil lectura de esta lección.

Los niños entenderán mejor la lección si les relata la historia en vez de leérsela.

Después de la historia, pida a los niños que respondan las siguientes preguntas. No hay respuestas correctas o erradas. Estas preguntas ayudan a los niños a entender la historia y aplicarla a sus vidas.

1. La persecución contra los creyentes hizo que se esparcieran a muchas regiones diferentes. ¿De qué manera llegó a ser esto algo bueno?
2. ¿Por qué fue un evento tan importante cuando los apóstoles enviaron a Pedro y a Juan a Samaria?
3. ¿Alguna vez han visto que relaciones rotas fueron sanadas y restauradas por el poder del Espíritu Santo? Compartan estas historias unos con otros.
4. Felipe obedeció al Señor. ¿Qué tan importante es para ustedes obedecer al Señor? Expliquen su respuesta.

5. **El etíope pidió ser bautizado. ¿Han sido bautizados ustedes? ¿Creen que es importante ser bautizados? ¿Por qué?**

Diga: **Dios puede hacer milagros cuando la gente valientemente obedece a Dios. El Espíritu Santo nos ayudará a escoger la obediencia a Dios por encima de nuestro orgullo o egoísmo.**

VERSÍCULO PARA MEMORIZAR

Enseñe el versículo para memorizar de la lección. Encontrará sugerencias de Actividades para Enseñar el Versículo para Memorizar en las páginas 113-114.

ACTIVIDADES ADICIONALES

Elija una de las siguientes opciones para que los niños mejoren su estudio de la Biblia.

1. Prepare un examen usando el pasaje para la lección bíblica de hoy. Escriba oraciones del pasaje sin incluir la palabra más importante. Distribuya los exámenes entre los niños y pídales que los completen. Ejemplo: Felipe descendió a la ciudad de _____ (8:5).

2. Felipe y el etíope eran diferentes en muchos aspectos. Tenían características físicas muy distintas. Eran de países diferentes y de culturas diferentes. Elija alguna cultura que le interese. Prepare un informe sobre lo que aprenda. ¿Cuáles son algunas diferencias interesantes? ¿Qué cosas en común tienen su cultura y la otra cultura? Cuando sabemos algo de otras personas, es más fácil compartir con ellas el amor de Dios. Recuerde: Dios invita a todos a recibir su salvación. Comparta con los alumnos lo que haya aprendido.

PREGUNTAS PARA LA COMPETENCIA BÁSICA

A fin de preparar a los niños para la competencia, léales Hechos 8:4-40.

1 ¿Qué hacía Felipe en Samaria? (8:5)
1. Trabajaba para la ciudad.
2. **Predicaba a Cristo.**
3. Ejercía la magia.

2 ¿Quién ejercía la magia en la ciudad de Samaria? (8:9)
1. **Simón**
2. Felipe
3. Saulo

3 ¿Por qué la gente estaba atenta a Simón el mago? (8:9-11)
1. Porque él podía sanarlos
2. **Porque con su magia les había engañado mucho tiempo**
3. Porque él les daba mucho dinero

4 ¿Qué pasaba cuando Pedro y Juan les imponían las manos a los nuevos creyentes de Samaria? (8:17)
1. **Ellos recibían el Espíritu Santo.**
2. Ellos oían el sonido de un viento recio.
3. Nada

5 ¿Qué hizo Simón cuando vio que se daba el Espíritu Santo por la imposición de manos? (8:18)
1. Ofreció ser discípulo de Pedro y Juan.
2. **Ofreció dinero a Pedro y Juan.**
3. Les impuso las manos a Pedro y a Juan.

6 ¿Qué le ordenó hacer Pedro a Simón el mago después que éste trató de pagar para recibir el Espíritu Santo? (8:20-22)
1. "Arrepiéntete de tu maldad".
2. "Ruega a Dios".
3. **Ambas respuestas son correctas.**

7 ¿Qué estaba haciendo el etíope cuando Felipe se acercó a él? (8:28)
1. Estaba durmiendo.
2. **Estaba leyendo el libro de Isaías.**
3. Estaba pidiendo dinero.

8 ¿Quién le dijo a Felipe que se acercara y se juntara al carro del etíope? (8:29)
1. Un ángel del Señor
2. **El Espíritu**
3. Pedro

9 ¿Quién bautizó al etíope? (8:38)
1. Juan
2. Simón
3. **Felipe**

10 ¿Qué hizo el etíope después que fue bautizado? (8:39)
1. **Siguió gozoso su camino.**
2. Se fue triste.
3. Ambas respuestas son correctas.

PREGUNTAS PARA LA COMPETENCIA AVANZADA

A fin de preparar a los niños para la competencia, léales Hechos 8:4-40.

1 ¿Qué hicieron por todas partes los que fueron esparcidos? (8:4)
1. **Anunciaron el evangelio.**
2. Se escondieron en sus casas.
3. Oraron pidiendo que Dios destruyese a sus enemigos.
4. Todas las respuestas son correctas.

2 ¿Por qué la gente estaba atenta a Simón? (8:11)
1. **Con su magia les había engañado mucho tiempo.**
2. Les pagaba para que estuviesen atentos a él.
3. Él predicaba de Cristo.
4. Todas las respuestas son correctas.

3 ¿Qué hicieron hombres y mujeres cuando creyeron a Felipe y su predicación? (8:12)
1. Apedrearon a Simón.
2. Dieron todo su dinero a los pobres.
3. Dedicaron a sus hijos a Dios.
4. **Se bautizaban.**

4 ¿Qué quería Simón que le dieran los apóstoles? (8:18-19)
1. **El poder para que cualquiera a quien él impusiere las manos recibiera el Espíritu Santo**
2. El poder para predicar como los apóstoles
3. Los secretos de los apóstoles
4. El Espíritu Santo

5 ¿Qué le dijo Pedro a Simón cuando éste trató de comprar el don de Dios con dinero? (8:20-23)
1. "No tienes tú parte ni suerte en este asunto".
2. "Tu corazón no es recto delante de Dios".
3. "Arrepiénte, pues, de esta tu maldad, y ruega a Dios".
4. **Todas las respuestas son correctas.**

6 ¿Por qué fue el eunuco etíope a Jerusalén? (8:27)
1. Para firmar acuerdos entre su país y Jerusalén
2. Para visitar a Candace, reina de los etíopes
3. Para comprar alimento y ropa
4. **Para adorar**

7 ¿Qué estaba leyendo el etíope cuando Felipe se le acercó? (8:28)
1. El libro de Apocalipsis
2. **El libro de Isaías**
3. Informes de la tesorería
4. El libro de Jeremías

8 ¿Qué hizo Felipe cuando el etíope le preguntó de quién hablaba el libro de Isaías? (8:34-35)
1. **Felipe le anunció el evangelio de Jesús.**
2. Felipe le relató el apedreamiento de Esteban.
3. Felipe le dijo que no entendía lo que decía el profeta.
4. Felipe le dijo que primero debía ser bautizado.

9 ¿Dónde se encontró Felipe después que bautizó al etíope? (8:40)
1. **En Azoto**
2. En Samaria
3. En Etiopía
4. En Jerusalén

10 Según Salmos 119:130, ¿qué es lo que alumbra y hace entender a los simples? (Salmos 119:130)
1. El sol
2. Un cuadro de Jesús
3. **La exposición de las palabras de Dios**
4. La luna y las estrellas

Hechos 9:1–31
Saulo es Transformado

Verdad Bíblica

Dios transforma lo que somos y nuestra manera de vivir.

Sugerencias para la Enseñanza

• Damasco era una ciudad al borde de un desierto. Era un centro de mucho movimiento comercial, situado a unos 225 kilómetros de Jerusalén. El recorrido tomaría una semana y media a pie, que era el modo normal para viajar.

• Hechos 8:18 y 9:17 se refieren a la "imposición de las manos". Esta era una práctica bíblica común, y la iglesia aún la realiza hoy. Cuando ponemos las manos sobre alguien, representamos al Espíritu de Dios en la forma de un toque físico.

COMENTARIO BÍBLICO

La historia de la transformación de Saulo es una de las muchas conversiones dramáticas en Hechos. No todos tienen este tipo de experiencia, pero el relato nos hace recordar que Dios usa multitud de métodos para alcanzar a la gente.

La conversión de Saulo ocurrió después de su encuentro personal con el Cristo resucitado. Tras su conversión, Saulo fue parte de la misma comunidad de creyentes que había perseguido. Ananías y la mayoría de los creyentes en Damasco sabían quién era él y le temían. Sin embargo, el Señor usó a Ananías para sanar a Saulo y recibirlo en la comunidad de creyentes. Bernabé animó a los otros discípulos para que aceptasen a Saulo, y él llegó a ser su amigo y lo apoyó en su ministerio.

Debido al pasado estilo de vida de Saulo, Dios pudo usarlo en formas únicas para proclamar el evangelio a los judíos y, después, a los gentiles.

Saulo sufrió persecución porque rehusó ceder a la presión de los adversarios de Cristo. Los que no aceptaban a Jesús como Señor y Cristo también rechazaban el testimonio de Saulo. Es común que los seguidores de Jesús experimenten oposición, ya que los que desean ocupar puestos de poder desprecian a Jesús y su mensaje.

Aunque Saulo tuvo una experiencia dramática de conversión, no cesó de crecer cómo discípulo de Cristo. Su crecimiento continuó a lo largo de su vida. Cada día aprendía más sobre la persona que Dios quería que fuese. A medida que otros creyentes le enseñaban más sobre Jesús, crecía su pasión para proclamar la fe a toda la humanidad. Antes, él causaba temor y muerte a la gente, pero, después de conocer a Jesús, proclamaba esperanza y vida.

Como cristianos, Dios pide que realicemos muchas de las tareas que hicieron los primeros creyentes. Ananías y Bernabé nos enseñan a animarnos unos a otros a pesar de los temores. Saulo nos enseña a proclamar esperanza y luz a quienes viven en temor y tinieblas. Como muchos de los primeros creyentes, a los que nunca se les nombra en Hechos, aprendemos que nuestra tarea es ser fieles testigos de la obra continua de Cristo.

PALABRAS RELACIONADAS CON NUESTRA FE

fe – Confianza en Dios que lleva a la gente a creer en lo que Él ha dicho, depender de Él y obedecerle. La fe es confianza en acción.

Saulo – Conocido también como Saulo de Tarso, Saulo fue un ciudadano romano que dedicó parte de su vida a perseguir a los cristianos. Tras convertirse al cristianismo, llegó a ser un líder prominente de la iglesia primitiva. Después de su conversión se le llamó Pablo.

gentiles – Los que no son judíos.

iglesia – La gente que conoce y ama a Dios y a su Hijo, Jesús. La iglesia son todos los creyentes en todas partes. La "iglesia primitiva" es un término que se refiere a los primeros creyentes, contemporáneos de Pablo.

el Camino – La fe cristiana. Al principio no

se usó la palabra "cristianos" para describir a quienes creían en Jesús. Los primeros cristianos se llamaban a sí mismos "seguidores del Camino". En Juan 14:6, Jesús dice que Él es "el camino".

ACTIVIDAD

Para esta actividad necesitará lo siguiente:
- Pedazos de papel (uno para cada alumno)
- Lapicero (bolígrafo) o lápiz

Antes de la clase, escriba las palabras de 2 Corintios 5:17 en pedazos de papel. Prepare suficientes para todos los alumnos. Repártales los versículos. Diga: **Dios tiene poder para cambiar la vida de una persona. En la lección de hoy, aprenderemos de un hombre que cambió completamente. Este versículo de la Biblia nos habla de ese cambio.**

Lean 2 Corintios 5:17. Dialoguen del significado de cada palabra o frase que los niños no conozcan.

Pida a los niños que se dividan en grupos de dos para que se ayuden el uno al otro a memorizar el versículo. Indíqueles que se turnen para leer una palabra del versículo. El primer niño lee la primera palabra, luego el otro lee la segunda. El primero lee la tercera palabra y el otro lee la cuarta. Continúen hasta que los niños puedan decir todo el versículo sin mirar el papel.

Diga: **En la lección de hoy, Saulo cambió sus ideas y creencias acerca de Jesús.**

Pueden llevar a sus casas el papel con el versículo y enseñárselo a alguien más.

LECCIÓN BÍBLICA

Prepare la historia bíblica basada en el pasaje bíblico de la lección.

En las páginas 115-148 se ha impreso una versión de fácil lectura de esta lección.

Los niños entenderán mejor la lección si les relata la historia en vez de leérsela.

Después de la historia, pida a los niños que respondan las siguientes preguntas. No hay respuestas correctas o erradas. Estas preguntas ayudan a los niños a entender la historia y aplicarla a sus vidas.

1. **¿Por qué Saulo odiaba tanto a los seguidores de Jesús?**
2. **¿Por qué creen que la conversión de Saulo es tan importante?**
3. **Si ustedes hubieran sido Ananías, ¿cómo creen que se habrían sentido al decirles el Señor que fueran a hablar con Saulo?**
4. **Bernabé aceptó a Saulo como una persona a quien Dios había cambiado. ¿Cómo aceptan ustedes a los que han sido cambiados por el Señor? ¿Están dispuestos a dejar de lado lo que antes sentían y ayudar a un nuevo cristiano?**
5. **Cuando Saulo llegó a Damasco, Ananías estaba orando. ¿Piensan que eso ayudó a Ananías cuando trataba de entender lo que Dios le pidió? ¿Por qué?**

Diga: **Muchas veces Dios obra en formas que no esperamos. Debemos dejar de lado nuestras ideas y confiar en Él. La oración es importante justamente por esa razón. La oración no es sólo hablar a Dios, sino también escucharlo. A menudo Dios revela su voluntad para nosotros cuando oramos y buscamos su dirección.**

VERSÍCULO PARA MEMORIZAR

Enseñe el versículo para memorizar de la lección. Encontrará sugerencias de Actividades para Enseñar el Versículo para Memorizar en las páginas 113-114.

ACTIVIDADES ADICIONALES

Elija una de las siguientes opciones para que los niños mejoren su estudio de la Biblia.

1. Dialoguen sobre formas en que Dios se comunicó con Saulo y Ananías (luz, voz, visión, otro creyente, etc.). Escriba por separado cada uno de estos métodos en pedazos de papel. Provea una hoja grande de papel y algunas crayolas, lapiceros o lápices. Llame a voluntarios para que escojan un pedazo de papel. Luego, pida que cada voluntario dibuje algo que represente su método de comunicación. Ayúdelos si es necesario. Por ejemplo, si en el pedazo de papel dice "voz", el niño o niña podría dibujar una boca. Pida a los demás que

traten de adivinar cuál es la forma de comunicación que se dibujó. Exhiba el nuevo póster en la pared del aula, junto con el versículo bíblico.

Diga: **Dios usó algunas formas poco usuales para hablarles a Saulo y Ananías. Dios aún se comunica con nosotros hoy. Él desea escucharlos a ustedes.**

2. Diga: **Dios aún se comunica con la gente hoy.** Pida a los niños que mencionen formas en que Dios podría hablarles a ellos. En la pizarra o en un papel grande escriba una lista de esos métodos. Incluya métodos como oración, música, poemas, cantos, versículos de la Biblia, lecciones bíblicas, sermones, testimonios, amigos, otros cristianos, familiares y libros. Diga: **Dios nos ama y se interesa en lo que sentimos. Él sabe cuando estamos desanimados o cuando necesitamos ayuda. Si quieren oír a Dios, recuerden la lista que hicimos. Imaginen todas las formas especiales que Dios podría usar para comunicarse con ustedes. ¡Estén preparados para escucharlo!**

PREGUNTAS PARA LA COMPETENCIA BÁSICA

A fin de preparar a los niños para la competencia, léales Hechos 9:1-31.

1 ¿Quién respiraba amenazas y muerte contra los discípulos del Señor? (9:1)
1. Felipe
2. Saulo
3. Pedro

2 ¿Quién dijo: "Saulo, Saulo, ¿por qué me persigues?" (9:4-5)
1. Esteban
2. Pedro y Juan
3. Jesús

3 ¿Qué sucedió cuando Saulo se levantó de tierra? (9:8)
1. Huyó.
2. No veía a nadie.
3. Buscó la voz que le había hablado.

4 En Damasco, ¿a quién le habló el Señor en una visión? (9:10)
1. Al etíope
2. A Juan
3. A Ananías

5 ¿Qué le ordenó hacer el Señor a Ananías en Damasco? (9:11)
1. "Levántate, y vé a la calle que se llama Derecha".
2. "Busca en casa de Judas a uno llamado Saulo, de Tarso".
3. Ambas respuestas son correctas.

6 ¿Qué pasó cuando Ananías puso las manos sobre Saulo? (9:17-18)
1. Saulo recobró la vista y huyó.
2. Le cayeron de los ojos como escamas, y recibió al instante la vista.
3. Saulo arrestó a Ananías y lo llevó a la cárcel.

7 ¿Qué sucedió después que Saulo pudo ver otra vez? (9:18-19)
1. Fue bautizado.
2. Tomó alimento.
3. Ambas respuestas son correctas.

8 ¿Cuándo empezó Saulo a predicar en las sinagogas de Damasco que Jesús es el Hijo de Dios? (9:20)
1. Después de una semana
2. Después que recibió suficiente entrenamiento
3. En seguida

9 ¿Quién confundía a los judíos que moraban en Damasco, demostrando que Jesús era el Cristo? (9:22)
1. Saulo
2. Ananías
3. Pedro

10 ¿Quién trajo a Saulo a los apóstoles y les contó acerca de Saulo? (9:27)
1. Pedro
2. Bernabé
3. Ananías

PREGUNTAS PARA LA COMPETENCIA AVANZADA

A fin de preparar a los niños para la competencia, léales Hechos 9:1-31.

1 ¿Contra quiénes respiraba Saulo amenazas y muerte? (9:1)
1. **Contra los discípulos del Señor**
2. Contra el sumo sacerdote
3. Sólo contra los doce apóstoles
4. Todas las respuestas son correctas.

2 ¿Por qué Saulo quería cartas para las sinagogas de Damasco? (9:1-2)
1. Para decirles acerca del nuevo sumo sacerdote
2. **Para que si hallaba a alguien del Camino, pudiera llevarlos a la cárcel**
3. Para decirles lo que estaban haciendo mal
4. Para tener permiso de predicar allí

3 ¿Qué sucedió cuando Saulo llegó cerca de Damasco? (9:3-4)
1. Repentinamente le rodeó un resplandor de luz del cielo.
2. Cayó en tierra.
3. Oyó una voz que le decía: "Saulo, Saulo, ¿por qué me persigues?"
4. **Todas las respuestas son correctas.**

4 El Señor le dijo a Saulo que era su instrumento escogido. ¿Qué debía hacer Saulo? (9:15)
1. Guiar a los judíos a la tierra prometida
2. **Llevar el nombre del Señor a los gentiles, los reyes y los hijos de Israel**
3. Perseguir a los judíos y gentiles
4. Castigar a todo el que estorbara a los discípulos

5 ¿Por qué los seguidores de Saulo le tomaron de noche, lo bajaron por el muro y lo descolgaron en una canasta? (9:23-25)
1. Porque las puertas estaban cerradas
2. **Porque los judíos resolvieron en consejo matarle**
3. Porque los seguidores de Saulo se avergonzaban de él
4. Porque Saulo aún estaba ciego

6 ¿Quiénes le tenían miedo a Saulo cuando llegó a Jerusalén? (9:26)
1. Los judíos y los gentiles
2. Sus amigos y familiares
3. **Los discípulos**
4. Bernabé y Juan

7 ¿Qué contó Bernabé a los apóstoles acerca de Saulo? (9:27)
1. Cómo Saulo en su viaje a Damasco vio al Señor
2. Cómo el Señor le habló a Saulo
3. Cómo en Damasco Saulo hablaba valerosamente en el nombre de Jesús
4. **Todas las respuestas son correctas.**

8 ¿Qué sucedió cuando los hermanos supieron que los griegos procuraban matar a Saulo? (9:29-30)
1. **Le llevaron hasta Cesarea y le enviaron a Tarso.**
2. Arrestaron a los griegos.
3. Protegieron a Saulo con pistolas y lanzas.
4. Repudiaron a Saulo.

9 ¿Qué sucedió a las iglesias por toda Judea, Galilea y Samaria? (9:31)
1. Tenían paz.
2. Eran edificadas.
3. Se acrecentaban fortalecidas por el Espíritu Santo.
4. **Todas las respuestas son correctas.**

10 Completen este versículo: "De modo que si alguno está en Cristo, nueva criatura es; las cosas viejas pasaron; ..." (2 Corintios 5:17)
1. "... para ser olvidadas para siempre".
2. **"... he aquí todas son hechas nuevas".**
3. "... y han sido lavadas tan blancas como la nieve".
4. "... y ahora tienes la vida eterna".

Hechos 10:1–23
Comer o No Comer

COMENTARIO BÍBLICO

Algunas veces Dios usó visiones para revelar su voluntad y propósito. En esta historia hay dos visiones.

Cornelio era un soldado gentil que vivía en Cesarea. Hechos dice que era "piadoso y temeroso de Dios con toda su casa" (10:1). Era un hombre con autoridad, cuya devoción a Dios era evidente en sus actos de generosidad y oraciones fieles.

Los primeros creyentes oraban tres veces al día (a las nueve de la mañana, al mediodía y a las tres de la tarde). Así que no es de sorprender que Cornelio estuviese orando. Durante su tiempo de oración, vio un ángel de Dios quien le dijo que mandara llamar a Pedro. El relato no nos dice si Cornelio dudó ante esa petición, pero él sabía que a los judíos no se les permitía entrar en la casa de un gentil. Sin embargo, Cornelio obedeció fielmente a Dios.

En la siguiente parte del relato, Pedro también tuvo una visión. En Jope, vio un lienzo que descendía del cielo, con toda clase de animales en él: inmundos y limpios. En base a la ley judía, Pedro sabía que no le estaba permitido comer nada que se considerara inmundo. No obstante, en esta visión Dios le dijo a Pedro: "Lo que Dios limpió, no lo llames tú común" (10:15). Pedro no entendió lo que significaba la visión, pero muy pronto lo sabría.

Los hombres que Cornelio había mandado, llegaron. Debido a la visión, Pedro hizo dos cosas que la ley judía no permitía: invitó a los hombres a que pasaran esa noche en su casa, y el siguiente día fue a la casa de Cornelio. Dios estaba derribando las barreras culturales que separaban a judíos y gentiles.

El Espíritu Santo trabajó simultáneamente en las vidas de Cornelio y Pedro para propagar el mensaje de Dios a más personas. Puesto que ambos fueron obedientes y receptivos a nuevas ideas, muchos creyeron en Dios.

PALABRAS RELACIONADAS CON NUESTRA FE

justo – El que está en buena relación con Dios y le obedece debido a esa relación. Ser justo es ser como Cristo en pensamientos, palabras y acciones.

Ley de Moisés – Las reglas que Dios dio a Moisés para enseñar al pueblo de Israel cómo vivir. A veces a la ley de Moisés se le llama simplemente la ley. Estas reglas se encuentran en los cinco primeros libros del Antiguo Testamento.

ACTIVIDAD

Para esta actividad necesitará lo siguiente:
- Pedazos de papel (uno para cada alumno)
- Lapicero (bolígrafo) o lápiz
- Una sábana, una tela grande o un papel grande
- Papel para hacer un letrero pequeño

Antes de la clase, en algunos pedazos de papel escriba "judío" y en otros escriba "gentil". Entregue un pedazo de papel a cada niño. Procure tener igual número de ambas palabras. En otro pedazo de papel escriba "Cornelio". Coloque una sábana, una tela o papel grande sobre el piso. En otro papel escriba las palabras "Reino de Dios". Ponga este letrero en el centro de la tela.

Diga: **Los judíos eran personas que creían en Dios y seguían las leyes judías. Los judíos se consideraban el pueblo de Dios y parte del reino de Dios. Todo aquel que no era judío, era gentil.**

Entregue los papeles a los niños. Señale la tela y el letrero.

Diga: **Quiero que todos los que tengan la palabra "judío" se paren sobre esta tela.**

En el tiempo del Nuevo Testamento, había gentiles que sabían acerca de Dios, seguían sus leyes y oraban a Él cada día. Cornelio era uno de ellos. Pida a la persona que tiene el papel con el nombre de Cornelio que se pare sobre la tela.

Diga: **En la lección de hoy, aprenderemos cómo Dios obró por medio de Cornelio para que Pedro aprendiese una importante lección. Guarden sus papeles. Al final de la lección veremos cómo los gentiles llegaron a ser parte del reino de Dios. Entonces todos podrán unirse al "Reino de Dios" sobre la tela.**

LECCIÓN BÍBLICA

Prepare la historia bíblica basada en el pasaje bíblico de la lección.

En las páginas 115-148 se ha impreso una versión de fácil lectura de esta lección.

Los niños entenderán mejor la lección si les relata la historia en vez de leérsela.

Después de la historia, pida a los niños que respondan las siguientes preguntas.

No hay respuestas correctas o erradas. Estas preguntas ayudan a los niños a entender la historia y aplicarla a sus vidas.

1. **En su opinión, ¿por qué el ángel le dijo a Cornelio que enviara hombres para pedirle a Pedro que fuese a su casa?**

2. **¿Por qué se preocupó Pedro cuando la voz le dijo que matara y comiera los animales que veía en el lienzo?**

3. **¿Cómo sería el mundo si todos fuéramos iguales? ¿Si todo fuera de un solo color o una sola forma? ¿O si hubiera sólo una clase de alimento para comer? En su opinión, ¿por qué Dios creó una variedad tal de personas?**

4. **¿Cómo tratan a personas que son distintas a ustedes? ¿Cómo creen que Dios quiere que tratemos a los que son diferentes?**

Diga: **A veces tratamos que los otros sean como nosotros. Pero ese objetivo no es bueno. Podemos amar y valorar a una persona porque fue creada por Dios. Un mejor objetivo para nosotros es querer ser como Cristo. Los creyentes tal vez sean muy distintos en apariencia y cultura. Pero, estos mismos creyentes pueden encontrar que tienen actitudes y acciones en común cuando son guiados por el Espíritu Santo.**

VERSÍCULO PARA MEMORIZAR

Enseñe el versículo para memorizar de la lección. Encontrará sugerencias de Actividades para Enseñar el Versículo para Memorizar en las páginas 113-114.

ACTIVIDADES ADICIONALES

Elija una de las siguientes opciones para que los niños mejoren su estudio de la Biblia.

1. Diga: **En toda cultura la gente encuentra formas para comunicarse por medio de gestos o movimientos. ¿Cuáles son algunos gestos apropiados que usamos para comunicar algo?** Dialoguen sobre gestos que usan para comunicar lo siguiente: hola, adiós, algo huele mal, siéntate, párate, ven acá y te quiero.

   Diga: **En la lección de hoy, veremos que la gente puede cambiar sus ideas o su forma de pensar. Dios puede ayudarnos a cambiar nuestros pensamientos. Este gesto nos ayudará a recordarlo.** Señale arriba como apuntando hacia Dios y luego, con el dedo índice, toque varias veces su sien o frente. Permita que los niños lo practiquen. Diga: **Dios ayudó a Pedro a cambiar completamente sus ideas sobre quién puede ser seguidor de Jesús.**

2. Provea papel y crayolas para que los niños dibujen algo que sueñan en la noche. Pida que algunos voluntarios hablen brevemente de sus dibujos. Pregunte: **¿De qué manera la visión de Pedro cambió su vida y su trabajo para Dios? ¿De qué forma la visión de Pedro cambió tu vida y tu relación con Dios?**

PREGUNTAS PARA LA COMPETENCIA BÁSICA

A fin de preparar a los niños para la competencia, léeles Hechos 10:1-23.

1 ¿Cómo describe el libro de Hechos a Cornelio con toda su casa? (10:2)
1. **Piadoso y temeroso de Dios**
2. Cobradores de impuestos y pecadores
3. Gente normal y común

2 ¿Quién se apareció a Cornelio en su visión? (10:3)
1. El Señor
2. Algo que no se veía claramente
3. **Un ángel de Dios**

3 ¿A qué hora subió Pedro a la azotea para orar? (10:9)
1. **Cerca de la hora sexta**
2. Cerca de medianoche
3. Ambas respuestas son correctas.

4 ¿Qué vio Pedro mientras oraba? (10:11-12)
1. **Vio el cielo abierto, y que descendía algo semejante a un gran lienzo, que atado de las cuatro puntas era bajado a la tierra.**
2. Vio a los hombres de Cornelio acercándose a la ciudad.
3. Vio un ángel que se apareció delante de él.

5 ¿Qué había en el gran lienzo? (10:12)
1. De todos los cuadrúpedos terrestres
2. Reptiles y aves del cielo
3. **Ambas respuestas son correctas.**

6 Pedro dijo que ninguna cosa común o inmunda había comido jamás. ¿Qué le dijo entonces la voz? (10:14-15)
1. **"Lo que Dios limpió, no lo llames tú común".**
2. "Tienes razón, Pedro, no comas estos animales".
3. "El Señor ha limpiado estos animales como para comerlos".

7 ¿Cuántas veces vio Pedro la visión del gran lienzo? (10:16)
1. Una vez
2. **Tres veces**
3. Diez veces

8 ¿Qué les preguntó Pedro a los hombres que Cornelio envió? (10:21)
1. "¿Qué quieren comer?"
2. **"Cuál es la causa por la que habéis venido?"**
3. "¿Dónde pasarán la noche?"

9 ¿A quiénes hizo entrar Pedro a la casa para hospedarlos? (10:19, 23)
1. A Cornelio
2. **A los tres hombres**
3. Ambas respuestas son correctas.

10 ¿Qué hizo Pedro al día siguiente de su visión? (10:23)
1. **Se fue con los hombres de Cornelio.**
2. Se fue a Jerusalén.
3. Se fue a la sinagoga a orar.

PREGUNTAS PARA LA COMPETENCIA AVANZADA

A fin de preparar a los niños para la competencia, léales Hechos 10:1-23.

1 ¿Cómo describe a Cornelio el libro de Hechos? (10:1-2)
1. Era piadoso y temeroso de Dios.
2. Hacía muchas limosnas al pueblo.
3. Oraba a Dios siempre.
4. **Todas las respuestas son correctas.**

2 ¿Cómo reaccionó Cornelio ante el ángel de Dios? (10:3-4)
1. Cayó de rodillas.
2. **Le miró fijamente y atemorizado.**
3. Lo recibió en su casa.
4. Todas las respuestas son correctas.

3 ¿Qué sucedió mientras Pedro oraba? (10:9-11)
1. Tuvo gran hambre.
2. Le sobrevino un éxtasis.
3. Vio el cielo abierto, y que descendía algo semejante a un gran lienzo, que atado de las cuatro puntas era bajado a la tierra.
4. **Todas las respuestas son correctas.**

4 ¿Qué le dijo una voz a Pedro cuando vio el lienzo donde había diferentes animales? (10:12-13)
1. **"Levántate, Pedro, mata y come".**
2. "Comparte estos animales con los que están viniendo a verte".
3. "Sacrifica estos animales en el templo".
4. "Estos animales están bastante limpios para que los comas".

5 ¿Qué dijo Pedro que jamás había comido? (10:14)
1. Ninguna clase de animales
2. Ninguna clase de frutas o verduras
3. **Ninguna cosa común o inmunda**
4. Nada que tuviera grasa

6 ¿Qué respondió la voz cuando Pedro dijo que ninguna cosa común o inmunda había comido jamás? (10:14-15)
1. **"Lo que Dios limpió, no lo llames tú común".**
2. "Tienes razón, Pedro, no comas estos animales".
3. "El Señor ha limpiado estos animales como para comerlos".
4. Todas las respuestas son correctas.

7 ¿Qué le dijo el Espíritu a Pedro mientras pensaba en la visión? (10:19-20)
1. "Tres hombres te buscan".
2. "Levántate, pues, y desciende".
3. "No dudes de ir con ellos, porque yo los he enviado".
4. **Todas las respuestas son correctas.**

8 ¿Quién dijo: "Yo soy el que buscáis. ¿Cuál es la causa por la que habéis venido?" (10:21)
1. Simón, el curtidor
2. Un hombre enviado por Cornelio
3. **Pedro**
4. Cornelio

9 ¿Por qué un ángel le dijo a Cornelio que pidiera a Pedro que fuese a la casa de Cornelio? (10:22)
1. **Para que Cornelio oyese las palabras de Pedro**
2. Para que Pedro preparase animales inmundos para Cornelio
3. Para que Cornelio fuese más respetado por los judíos
4. Todas las respuestas son correctas.

10 Al día siguiente, ¿quiénes fueron con Pedro y los tres hombres? (10:23)
1. Simón el curtidor y tres hombres
2. **Algunos de los hermanos de Jope**
3. Toda la familia de Pedro
4. Todas las respuestas son correctas.

Hechos 10:24–28, 34–48; 11:19–26
Dios no Hace Acepción de Personas

COMENTARIO BÍBLICO

La visión de Pedro de los animales limpios e inmundos fue muy misteriosa. Él confió en Dios y fue a la casa de Cornelio. Una vez más, Pedro tuvo oportunidad de predicar a una multitud. Este sermón fue diferente del que predicó en Pentecostés. No incluyó muchas citas de las escrituras judías. Más bien, Pedro habló de quién es Jesús y que Él acepta a todo el que cree en Él (10:34).

Esto era algo nuevo porque los judíos creían fervientemente que no eran como los demás. Creían que Dios los favorecía por encima del resto de la humanidad. Pedro, judío piadoso y también cristiano piadoso, predicó un mensaje nuevo: Dios no muestra favoritismo. El Espíritu de Dios interrumpió a Pedro. Estos gentiles recibieron el Espíritu Santo tal como los creyentes judíos el día de Pentecostés. Después Pedro los bautizó.

Gracias a la visión que Dios le mostró, Pedro comenzó a entender que la salvación de Dios por medio de Cristo es para todos. Pedro escribió de esto en sus cartas, 1 y 2 Pedro. Dios le reveló sus deseos, y Pedro tuvo la valentía para aceptar lo que había escuchado y decírselo a otros.

Dios tenía una misión creciente que realizar. Comenzó en Jerusalén, pero Dios quería propagar las buenas nuevas sobre Jesús hasta lo último de la tierra. Mediante el poder del Espíritu Santo, Dios ayudó a Pedro a entender esta misión. Los gentiles, que antes eran extranjeros, eran invitados a participar de las bendiciones de Israel.

La misión a los gentiles continuó cuando Bernabé visitó la iglesia en Antioquía. Bernabé invitó a Saulo a ir con él para enseñar a esos nuevos creyentes lo que significaba seguir a Jesús. Ellos permanecieron en Antioquía por un año, y los creyentes allí fueron los primeros que fueron llamados cristianos.

PALABRAS RELACIONADAS CON NUESTRA FE

cristiano – Aquel que renuncia al pecado, acepta a Jesucristo como Salvador y Señor y le obedece. A esta experiencia también se le llama "nacer de nuevo".

ACTIVIDAD

Para esta actividad necesitará lo siguiente:

- 10-12 pedazos de papel en dos colores (si no tiene papeles de color, dibuje un asterisco en la parte de atrás de uno de los grupos de papeles).
- Lapicero (bolígrafo) o lápiz

Antes de la clase, divida las palabras de Hechos 10:34-35 en frases cortas. Escriba una frase en cada pedazo de papel. Haga dos grupos de papeles: uno de cada color. Oculte los papeles en distintos lugares del salón.

En la clase, divida a los niños en dos equipos. Diga: **El versículo para memorizar de hoy es Hechos 10:34-35.** Lea el versículo, luego diga a los equipos que las palabras del versículo están en papeles escondidos en el salón. Indique a los equipos que busquen en el salón, pero que sólo tomen los papeles del color de su equipo. Cuando encuentren todos los pedazos, deben poner las frases en el orden correcto. Después pida que cada equipo repita los versículos tres veces.

Diga: **Estos versículos nos enseñan una lección importante que Pedro tuvo que aprender. Cambiaron la idea de Pedro sobre quiénes podían ser seguidores de Jesús. Hasta ese tiempo, los discípulos predicaban sólo a los judíos. Después, los discípulos llevaron el evangelio a los gentiles.**

LECCIÓN BÍBLICA

Prepare la historia bíblica basada en el pasaje bíblico de la lección.

En las páginas 115-148 se ha impreso una versión de fácil lectura de esta lección.

Los niños entenderán mejor la lección si les relata la historia en vez de leérsela.

Después de la historia, pida a los niños que respondan las siguientes preguntas. No hay respuestas correctas o erradas. Estas preguntas ayudan a los niños a entender la historia y aplicarla a sus vidas.

1. **¿Por qué no era usual que Pedro, un judío, visitara la casa de Cornelio? ¿Alguna vez les ha pedido Dios que hagan algo no usual?**
2. **¿Cuáles fueron los puntos principales del mensaje de Pedro a la familia y los amigos de Cornelio?**
3. **Comparen lo que sucedió a los gentiles en esta historia (10:44-46) y lo que sucedió a los judíos el día de Pentecostés (2:1-4). ¿Por qué los creyentes judíos que fueron con Pedro quedaron atónitos cuando el Espíritu Santo fue derramado sobre los gentiles?**
4. **¿Qué clase de hombre era Bernabé? ¿Conocen a personas hoy que son como Bernabé?**

Diga: **En Antioquía, Bernabé y Saulo continuaron reuniéndose con la gente y enseñándoles. Fue allí donde a los creyentes los llamaron cristianos por primera vez. La gente reconocía que éstos eran diferentes porque seguían a Cristo. Piensen un momento en su identidad. La gente debería poder reconocernos como seguidores de Cristo en la misma forma en que identificaban a esos primeros creyentes.**

VERSÍCULO PARA MEMORIZAR

Enseñe el versículo para memorizar de la lección. Encontrará sugerencias de Actividades para Enseñar el Versículo para Memorizar en las páginas 113-114.

ACTIVIDADES ADICIONALES

Elija una de las siguientes opciones para que los niños mejoren su estudio de la Biblia.

1. Realice una entrevista a Pedro. Pida a un adulto que represente a Pedro y responda preguntas sobre las actividades de Pedro en esta lección bíblica. Permita que los niños sean los reporteros que pregunten a Pedro sobre sus actividades y pensamientos. Si es posible, provea una lista de preguntas al adulto antes de la clase. Dé las preguntas a los niños durante la clase. Si hay tiempo, permita que los niños hagan sus propias preguntas.

Diga: **Pedro aprendió una importante lección acerca de Dios. ¿Cuál fue?** (Que la salvación de Dios está disponible para todos.)

2. Invite a personas para que digan cómo llegaron a ser cristianos. Si es posible, invite a algunos que no crecieron en un hogar cristiano. Si en su comunidad hay personas de diferentes naciones o culturas, invite a personas de esos grupos para que testifiquen. Haga notar que Dios acepta a todos en su reino.

PREGUNTAS PARA LA COMPETENCIA BÁSICA

A fin de preparar a los niños para la competencia, léeles Hechos 10:24-28, 34-48; 11:19-26.

1 ¿Qué hizo Cornelio cuando Pedro entró en la casa? (10:25)
1. Le ofreció a Pedro algo de comer.
2. **Se postró a los pies de Pedro y adoró.**
3. Le dio un abrazo a Pedro.

2 ¿Qué le mostró Dios a Pedro? (10:28)
1. **Que a ningún hombre debía llamar común o inmundo**
2. Las instrucciones para llegar a la casa de Cornelio
3. Todo lo que él necesitaba saber

3 ¿Quién no hace acepción de personas sino que acepta a gente de toda nación que le teme y hace justicia? (10:34)
1. Juan
2. Pablo
3. **Dios**

4 ¿Con qué ungió Dios a Jesús? (10:38)
1. Con aceite y agua
2. **Con el Espíritu Santo y con poder**
3. Ambas respuestas son correctas.

5 ¿Qué les sucedió a Cornelio, sus familiares y amigos mientras Pedro les hablaba? (10:44)
1. Se les apareció Jesús.
2. **El Espíritu Santo cayó sobre todos.**
3. Ambas respuestas son correctas.

6 ¿Qué oyó Pedro cuando el don del Espíritu Santo fue dado a los gentiles en la casa de Cornelio? (10:46)
1. El sonido de truenos
2. La voz de Dios
3. **A los gentiles que hablaban en lenguas y magnificaban a Dios**

7 ¿En nombre de quién mandó Pedro que fuesen bautizados los gentiles? (10:48)
1. **En el nombre del Señor Jesús**
2. En el nombre del sumo sacerdote
3. En el nombre de Cornelio

8 ¿Qué exhortó Bernabé que hiciera la gente de Antioquía? (11:23)
1. Que se volviesen de sus malos caminos
2. **Que con propósito de corazón permaneciesen fieles al Señor**
3. Que predicasen solamente a los judíos

9 ¿Por qué fue Bernabé a Tarso? (11:25)
1. Para hablar a otros de las buenas nuevas de Jesucristo
2. Para tomar vacaciones
3. **Para buscar a Saulo**

10 ¿Cómo llamaron a los discípulos en Antioquía? (11:26)
1. Seguidores
2. **Cristianos**
3. Gente de Jesús

PREGUNTAS PARA LA COMPETENCIA AVANZADA

A fin de preparar a los niños para la competencia, léales Hechos 10:24-28, 34-48; 11:19-26.

1 ¿Qué sucedió cuando Pedro entró en la casa de Cornelio? (10:25-26)
1. Cornelio salió a recibir a Pedro.
2. Cornelio se postró a los pies de Pedro y adoró.
3. Pedro dijo: "Levántate, pues yo mismo también soy hombre".
4. **Todas las respuestas son correctas.**

2 ¿Qué le dijo Pedro a Cornelio acerca de Jesús y Dios? (10:40, 43)
1. Dios levantó a Jesús e hizo que se manifestase.
2. De éste dan testimonio todos los profetas.
3. Todos los que en él creyeren, recibirán perdón de pecados por su nombre.
4. **Todas las respuestas son correctas.**

3 Después que Jesús resucitó de los muertos, ¿quiénes lo vieron? (10:41)
1. Toda la gente
2. **Los testigos que Dios había ordenado**
3. Todos los judíos
4. Sólo la familia de Jesús

4 ¿Qué mandato dio Jesús a los que comían y bebían con Él después que resucitó de los muertos? (10:41-42)
1. **Que predicasen y testificasen de Él**
2. Que sanaran y echaran fuera demonios
3. Que rasgaran sus vestiduras e hicieran duelo
4. Que celebraran y danzaran

5 ¿Quiénes recibirán perdón de pecados por el nombre de Jesús? (10:43)
1. Sólo los judíos
2. Todos los gentiles
3. **Todos los que en él creyeren**
4. Sólo los que comieron y bebieron con él después que resucitó de los muertos

6 ¿Qué sucedió mientras Pedro hablaba con Cornelio? (10:44)
1. Los judíos se enojaron y se fueron.
2. El cielo se abrió y una paloma se posó en el hombro de Pedro.
3. Cayó una gran tormenta y todos se mojaron.
4. **El Espíritu Santo cayó sobre todos los que oían el discurso.**

7 ¿Por qué se quedaron atónitos los creyentes que habían ido con Pedro? (10:45-46)
1. **Porque el don del Espíritu Santo fue derramado también sobre los gentiles**
2. Porque los gentiles no podían hablar
3. Porque los gentiles fueron sanados de todas sus enfermedades
4. Todas las respuestas son correctas.

8 ¿Cómo describe a Bernabé el libro de Hechos? (11:24)
1. Un anciano con una familia numerosa
2. **Varón bueno, lleno del Espíritu Santo y de fe**
3. Un hombre egoísta y celoso
4. Todas las respuestas son correctas.

9 ¿Qué hizo Bernabé cuando halló a Saulo en Tarso? (11:25-26)
1. Le dijo todo lo que había visto y oído.
2. Le rogó que se quedara con él en Tarso.
3. **Le trajo a Antioquía para congregarse con la iglesia y enseñar.**
4. Lo envió a Jerusalén a predicar a los gentiles.

10 ¿Dónde llamaron cristianos a los discípulos por primera vez? (11:26)
1. Samaria
2. Tarso
3. Jerusalén
4. **Antioquía**

LECCIÓN NUEVE

Versículo para Memorizar
"La oración eficaz del justo puede mucho" (Santiago 5:16*b*).

Hechos 12:1–19; 13:1–12

Verdad Bíblica
Dios responde la oración.

Pedro Escapa de la Cárcel

Sugerencia para la Enseñanza
• Al dirigir el estudio bíblico, sea sensible hacia los niños al ayudarles a entender la ejecución de los mártires. Esta verdad pudiera afectarles, perturbarlos o atemorizarlos. Enfatice que Dios siempre está con nosotros a pesar de lo que nos suceda.

COMENTARIO BÍBLICO

Santiago 5:16 dice: "La oración eficaz del justo puede mucho". A través de todo el libro de Hechos vemos cuán cierta es esta declaración. Es especialmente evidente en las dos historias para este día, donde vemos los resultados de las oraciones de los creyentes.

Primero, Dios oyó las oraciones de los creyentes y rescató a Pedro de la cárcel en forma asombrosa. Su liberación milagrosa ocurrió justo a tiempo, porque estaba sentenciado a morir el día siguiente. Con fe la iglesia creyó y confió en el poder de Dios. Pero, aunque Pedro hubiese muerto (como Esteban), sus oraciones no hubieran sido ineficaces o insignificantes. Dios recibe honra cuando la gente muestra fe en circunstancias difíciles. Lea Hebreos 11 para ver más ejemplos.

La segunda historia está en el capítulo 13. La iglesia en Antioquía se reunió para adorar y ayunar. En ese momento, los creyentes discernieron el llamamiento del Espíritu Santo a Bernabé y Saulo para predicar el evangelio a otras naciones. Después que la iglesia recibió tal dirección, oraron por ellos y los enviaron a empezar su nueva misión. La frase "les impusieron las manos" (13:3) muestra que la iglesia los apoyó para que fuesen sus representantes.

Como creyentes llamados por Dios para hacer su obra, necesitamos las oraciones y el apoyo de otros cristianos para ser eficaces. Pedro, Saulo y Bernabé recibieron ese apoyo. Cuando oramos, demostramos confianza en el poder de Dios, aun cuando Dios muestre poder en una forma que no entendamos.

PALABRAS RELACIONADAS CON NUESTRA FE

pascua – Fiesta judía anual que celebra la liberación que Dios dio a los israelitas de la esclavitud en Egipto. Lea Números 9:4-5 para tener más información.

ejecutar – Dar muerte, especialmente como castigo legal.

ayunar – Abstenerse de algo, usualmente de comida o ciertas clases de alimento, como una forma de disciplina espiritual. Los cristianos usan el tiempo de ayuno para orar y enfocarse en Dios.

oración – Una conversación con Dios incluye tanto hablar como escuchar. Podemos orar en todo momento, en todo lugar y sobre todo asunto.

ACTIVIDAD

Para esta actividad necesitará lo siguiente:
- Tiras de papel (8 por niño; aproximadamente 20 x 3 cms.)
- Cinta adhesiva o grapadora

Antes de la clase, haga el modelo de una cadena de papel. Haga el primer eslabón formando un círculo y asegurándolo con cinta adhesiva o grapa. Inserte otra tira en el círculo y asegúrela. Continúe hasta tener una cadena de ocho eslabones. Éstos deben ser suficientemente grandes en diámetro para que los niños puedan introducir sus manos en el primer eslabón y el último.

En la clase, muestre su cadena a los niños. Ayúdeles a hacer sus propias cadenas.

Permita que los niños usen la cadena en sus muñecas mientras estudian el pasaje bíblico de la lección de hoy. Cuando en la historia se rompen las cadenas de Pedro, indique a los niños que rompan las de ellos.

Diga: **En la lección de hoy, Pedro está en la cárcel. Está encadenado. Los soldados están allí para cuidar que no se escape. Sólo Dios podía salvar la vida de Pedro.**

LECCIÓN BÍBLICA

Prepare la historia bíblica basada en el pasaje bíblico de la lección.

En las páginas 115-148 se ha impreso una versión de fácil lectura de esta lección.

Los niños entenderán mejor la lección si les relata la historia en vez de leérsela.

Después de la historia, pida a los niños que respondan las siguientes preguntas. No hay respuestas correctas o erradas. Estas preguntas ayudan a los niños a entender la historia y aplicarla a sus vidas.

1. **¿Cómo creen que se sintió Pedro cuando el ángel lo despertó?**
2. **¿Cómo creen que se habrían sentido ustedes si hubiesen estado en la reunión de oración en casa de María cuando llegó Pedro?**
3. **¿Por qué la iglesia en Antioquía envió a Bernabé y Saulo a realizar un trabajo especial? ¿Envía Dios a personas aún ahora?**
4. **¿Aún realiza Dios milagros asombrosos hoy? Expliquen su respuesta.**

Diga: **Dios quiere tener una relación cercana con nosotros. Él espera que nos reunamos y hablemos con Él. Podemos confiar en que nos oirá cuando oremos y que contestará nuestras oraciones.** Tome tiempo para orar juntos en voz alta. Dé a cada uno la oportunidad de orar si desean hacerlo. Ore por cada niño mencionándolos por nombre.

VERSÍCULO PARA MEMORIZAR

Enseñe el versículo para memorizar de la lección. Encontrará sugerencias de Actividades para Enseñar el Versículo para Memorizar en las páginas 113-114.

ACTIVIDADES ADICIONALES

Elija una de las siguientes opciones para que los niños mejoren su estudio de la Biblia.

1. Explique a los alumnos lo que significa ayunar. Use un diccionario bíblico para entender lo que es el ayuno. Hable con los niños de lo que aprendió. Después diga: **En la lección de hoy, los creyentes ayunaron y oraron. Durante ese tiempo, el Espíritu San-** to les dijo que apartaran a Saulo y Bernabé para un trabajo especial. **Cuando ayunamos, ¿siempre nos abstenemos de alimentos? ¿Qué otros sacrificios podemos hacer para mostrar a Dios que realmente queremos escucharle?** Permita que los alumnos escriban una lista en la pizarra o en un papel grande (tiempo, dinero, TV, juegos, actividad favorita).

Diga: **Cuando oramos y ayunamos, dejamos de hacer algo que hacemos normalmente y en ese tiempo dirigimos nuestra atención a Dios.**

2. Invite a una o dos personas para que hablen a los niños de formas en que Dios respondió oraciones en sus vidas. Ayude a los alumnos a entender que Dios oye todas las oraciones. Los niños no deben desanimarse si Dios no contesta una oración inmediatamente. Dios puede responder "sí", "no" o "espera". Pero, ¡a veces Dios responde en una forma inesperada! Estén listos para oír las respuestas de Dios y aceptarlas cuando lleguen.

PREGUNTAS PARA LA COMPETENCIA BÁSICA

A fin de preparar a los niños para la competencia, léales Hechos 12:1-19; 13:1-12.

1 ¿A quién mató a espada el rey Herodes? (12:2)
1. **A Jacobo, hermano de Juan**
2. A Bernabé
3. A Pedro

2 ¿Cuánto oraba la iglesia por Pedro mientras él estaba en la cárcel? (12:5)
1. Poco
2. **Sin cesar**
3. Una vez a la semana

3 ¿Quién se presentó en la cárcel al lado de Pedro? (12:7)
1. **Un ángel del Señor**
2. El rey Herodes
3. Los otros cristianos

4 Mientras Pedro seguía al ángel para salir de la cárcel, ¿qué pensaba él que estaba sucediendo? (12:9)
1. Pensaba que lo estaban secuestrando.
2. Pensaba que su amigo estaba fingiendo ser un ángel.
3. **Pensaba que veía una visión.**

5 ¿Qué estaban haciendo muchos en la casa de María la madre de Juan? (12:12)
1. Se preocupaban por Pedro.
2. **Estaban orando.**
3. Estaban adorando a Dios.

6 ¿Quién salió a escuchar cuando Pedro llamó a la puerta del patio? (12:13)
1. María la madre de Juan
2. Uno de los apóstoles
3. **Una muchacha llamada Rode**

7 ¿Qué le pasó a la gente cuando abrieron la puerta y vieron a Pedro? (12:16)
1. Tuvieron miedo.
2. **Se quedaron atónitos.**
3. Ambas respuestas son correctas.

8 Según lo que dijo el Espíritu Santo, ¿a quiénes debían apartar para Él? (13:2)
1. A Bernabé
2. A Saulo
3. **Ambas respuestas son correctas.**

9 ¿Quién era Barjesús? (13:6-7)
1. Un mago y falso profeta judío
2. Un acompañante de Sergio Paulo
3. **Ambas respuestas son correctas.**

10 ¿Qué le sucedió a Elimas el mago cuando se opuso a Bernabé y Saulo? (13:6-11)
1. **Quedó ciego.**
2. Un ángel le dio muerte.
3. Fue arrestado.

PREGUNTAS PARA LA COMPETENCIA AVANZADA

A fin de preparar a los niños para la competencia, léeles Hechos 12:1-19; 13:1-12.

1 ¿Qué hizo el rey Herodes cuando vio que la muerte de Jacobo había agradado a los judíos? (12:2-3)

1. Mató también a Juan, hermano de Jacobo.
2. Hizo matar a muchos otros.
3. **Tomó preso también a Pedro.**
4. Herodes creyó y fue bautizado.

2 ¿Cómo era custodiado Pedro en la cárcel? (12:4)

1. **Por cuatro grupos de cuatro soldados cada uno**
2. Por dos soldados afuera de la puerta
3. Por un escuadrón de soldados
4. Por el rey Herodes mismo

3 ¿Qué sucedió mientras Pedro dormía entre dos soldados, sujeto con dos cadenas? (12:6-7)

1. Se presentó un ángel del Señor.
2. Una luz resplandeció en la cárcel.
3. Las cadenas cayeron de las manos de Pedro.
4. **Todas las respuestas son correctas.**

4 ¿Qué sucedió cuando el ángel y Pedro llegaron a la puerta de hierro que daba a la ciudad? (12:10)

1. **Se les abrió por sí misma.**
2. El ángel dejó a Pedro.
3. Los soldados atraparon a Pedro.
4. Pedro comprendió que no estaba soñando.

5 Según la gente en la casa de María, ¿quién estaba a la puerta? (12:15)

1. Pedro
2. Un ángel del Señor
3. Un soldado que buscaba a Pedro
4. **El ángel de Pedro**

6 ¿Qué hizo Pedro cuando la gente abrió la puerta y le vio? (12:16-17)

1. Hizo con la mano señal de que callasen.
2. Les contó cómo el Señor le había sacado de la cárcel.
3. Les dijo que contasen a Jacobo y a los hermanos acerca de su rescate.
4. **Todas las respuestas son correctas.**

7 ¿Qué sucedió mientras los profetas y maestros en Antioquía ministraban al Señor y ayunaban? (13:1-2)

1. Oyeron las noticias de Pedro.
2. **El Espíritu Santo dijo: "Apartadme a Bernabé y a Saulo".**
3. Sintieron gran tristeza por la muerte de Jacobo.
4. Todas las respuestas son correctas.

8 ¿Quiénes descendieron a Seleucia y de allí navegaron a Chipre? (13:4)

1. **Bernabé y Saulo**
2. Pedro y Juan
3. Los apóstoles
4. Todos los profetas y maestros

9 ¿Qué hicieron Bernabé y Saulo cuando llegaron a Salamina? (13:5)

1. Les predicaban a los gentiles.
2. Bautizaban a judíos y gentiles por igual.
3. **Anunciaban la palabra de Dios en las sinagogas de los judíos.**
4. Sanaban a la gente y echaban fuera demonios.

10 ¿En cuál historia cambia el nombre de Saulo a Pablo? (13:9)

1. La historia del apedreamiento de Esteban
2. La historia de la conversión de Saulo
3. La historia sobre Pentecostés
4. **La historia sobre Sergio Paulo y Barjesús**

Hechos 14:26–28; 15:1–12, 22–41

El Concilio de Jerusalén

Versículo para Memorizar

"Con toda humildad y mansedumbre, soportándoos con paciencia los unos a los otros en amor, solícitos en guardar la unidad del Espíritu en el vínculo de la paz" (Efesios 4:2-3).

Verdad Bíblica

Dios quiere que su pueblo se respete el uno al otro, aun cuando no estén de acuerdo.

Sugerencias para la Enseñanza

• Pablo fue misionero y escritor de la iglesia primitiva. Escribió 13 cartas que constituyen casi una cuarta parte del Nuevo Testamento. Él escribió algunas de sus cartas desde una cárcel romana.

• Si los niños le preguntan acerca de la circuncisión, podría decirles: **La circuncisión tenía un significado religioso especial en la Biblia. En el Antiguo Testamento era la señal del pacto entre Dios y Abraham. Por eso, algunos judíos en el Nuevo Testamento pensaban que todos los hombres debían circuncidarse para ser salvos. Pablo trató de ayudar a la gente a entender que eso era permitido, pero no necesario.**

COMENTARIO BÍBLICO

Siendo nuestra cultura diferente, nos es difícil entender algunas de las leyes judías mencionadas en Hechos. Los nuevos creyentes en Antioquía no tenían trasfondo judío. Había cierta confusión sobre cuáles partes de la ley judía debían respetar todos los creyentes, sin importar su trasfondo. La carta que envió la iglesia de Jerusalén responde sus preguntas, pero plantea algunas preguntas para nosotros hoy.

• *¿Por qué eran tan importantes estas cuatro leyes?*

Estas leyes refutaban las prácticas paganas comunes asociadas con el politeísmo (adoración de muchos dioses) en Antioquía. Los nuevos creyentes debían creer sólo en Jesús. Al evitar esas prácticas, los nuevos cristianos daban testimonio a otros sobre el cambio interior que Cristo estaba haciendo en ellos. Estas leyes también ayudaban a mantener la paz entre los creyentes judíos y gentiles.

• *¿Tenían que obedecer otras leyes (los Diez Mandamientos, el Sermón del Monte, etc.)?*

Sí. Los gentiles todavía debían vivir según los principios morales de la ley y los Diez Mandamientos. Al principio Dios escribió la ley en tablas de piedra. Los profetas mostraron que Dios también escribió la ley en los corazones de judíos y gentiles (Jeremías 31:33). Jesús le dio nuevo significado a la ley al crear un pacto basado en la transformación interna. Esto significa que Dios primero cambia nuestros propósitos, y después nuestras acciones, cuando decidimos obedecerle en verdad. Aunque no estamos obligados a seguir las mismas leyes del Antiguo Testamento, nuestros corazones deben ser transformados por los principios morales en que se basan esas leyes.

En el Sermón del Monte, Jesús enseñó a sus seguidores a obedecer a Dios de corazón, no sólo a cumplir las leyes. Los creyentes gentiles en Antioquía debían seguir tales principios. Esos requisitos les ayudaron a interiorizar la ley. También nos ayudan a entender lo que significa seguir los mandatos de Jesús, no por ser requisito sino porque amamos a Dios.

Esta lección también habla de un desacuerdo entre Pablo y Bernabé. Los cristianos tal vez alguna vez discrepen. Sin embargo, deben tratar de encontrar soluciones pacíficas. Los cristianos nunca deben permitir que sus desacuerdos interfieran con la predicación del evangelio.

PALABRAS RELACIONADAS CON NUESTRA FE

pagano – Alguien que no cree en Dios. Algunos paganos adoran a muchos dioses. Otros no adoran a ninguno.

Sermón del Monte – El pasaje bíblico en Mateo 5-7. Es la enseñanza más extensa de Jesús registrada en la Biblia. En este sermón, Jesús describe cómo los cristianos deberían vivir en relación con Dios y con los demás.

ACTIVIDAD

Para esta actividad necesitará lo siguiente:
- Papel para cada alumno
- Lápiz para cada alumno

Antes de la clase, prepare una lista de cinco categorías de lo que les gusta a los niños (por ejemplo: alimento, juego, libro, animal y lugar).

En la clase, distribuya los papeles y lápices. Pida a los niños que escriban su objeto o animal favorito en cada categoría. Después elija dos voluntarios. Pida a cada voluntario que diga cuál es su artículo favorito en la primera categoría y que explique por qué.

Diga: **Cada uno de ustedes piensa que su artículo favorito es el mejor. ¿Podría la otra persona convencerles de que están equivocados y que él o ella tiene la razón? Si no, ¿pueden estar de acuerdo en que piensan distinto sobre este tema y aún pueden ser amigos? Si es así, díganse el uno al otro: "Estamos de acuerdo en que pensamos distinto y aún podemos ser amigos".**

Permita que estos voluntarios vuelvan a sus asientos y llame a otros dos. Continúen hasta que todos hayan leído sus respuestas. Anime a los voluntarios a decir: "Estamos de acuerdo en que pensamos distinto y aún podemos ser amigos".

Diga: **En la lección de hoy, aprenderemos que Pablo y Bernabé tuvieron un desacuerdo. Veremos cómo lo resolvieron.**

LECCIÓN BÍBLICA

Prepare la historia bíblica basada en el pasaje bíblico de la lección.

En las páginas 115-148 se ha impreso una versión de fácil lectura de esta lección.

Los niños entenderán mejor la lección si les relata la historia en vez de leérsela.

Después de la historia, pida a los niños que respondan las siguientes preguntas. No hay respuestas correctas o erradas. Estas preguntas ayudan a los niños a entender la historia y aplicarla a sus vidas.

1. **Cuando Bernabé y Pablo regresaron a Antioquía, informaron todo lo que Dios había hecho por medio de ellos. A esto hoy lo llamamos rendir cuentas. ¿Rinden cuentas ustedes a alguien?**

2. **Algunos de los creyentes discreparon acerca de lo que debían hacer los nuevos creyentes. Cuando los cristianos discrepan hoy, ¿qué deberían hacer?**

3. **¿Cómo mostró Dios que Él aceptaba a los creyentes gentiles?**

4. **¿Alguna vez necesitan ustedes que les animen? ¿Quién les anima? ¿A quién animan ustedes?**

Diga: **Dios nos ha dado mentes para pensar. A veces las personas pensamos en formas diferentes acerca de algo. Esto es parte de lo que nos hace únicos. Dios nos dará la gracia para discrepar en una manera respetuosa. En toda circunstancia recordemos que debemos buscar la voluntad de Dios para nosotros, no nuestra propia voluntad.**

VERSÍCULO PARA MEMORIZAR

Enseñe el versículo para memorizar de la lección. Encontrará sugerencias de Actividades para Enseñar el Versículo para Memorizar en las páginas 113-114.

ACTIVIDADES ADICIONALES

Elija una de las siguientes opciones para que los niños mejoren su estudio de la Biblia.

1. Diga: **En la lección bíblica de hoy, el concilio de Jerusalén envió una carta para animar a los cristianos gentiles. Hoy, los cristianos aún necesitan ser alentados en su vida diaria.** Hablen de personas de su iglesia que pudieran necesitar un mensaje de aliento. Provea papel y materiales a los niños. Pídales que escriban una nota de ánimo, que escriban e ilustren un versículo bíblico, o que hagan un dibujo que les alegre el día. Después de la clase, hable con el pastor para enviar estos mensajes a quienes necesiten ser alentados.

2. Ayude a la clase a hacer una lista de ocasiones cuando los niños tienen desacuerdos. ¿Cuáles de esas acciones pueden causarles problemas? ¿Le agrada a Dios alguna de esas acciones? Lea Efesios 4:2-3. ¿Cómo quiere Dios que los niños resuelvan sus desacuerdos?

Provea un tiempo de oración para que los niños hablen a Dios sobre situaciones que experimentaron. Anímeles a pedir a Dios que les ayude a resolver el desacuerdo en una manera cristiana.

PREGUNTAS PARA LA COMPETENCIA BÁSICA

A fin de preparar a los niños para la competencia, léales Hechos 14:26-28; 15:1-12, 22-41.

1 ¿Cuánto tiempo se quedaron Pablo y Bernabé en Antioquía con los discípulos? (14:28)
1. Un mes
2. Algunos años
3. **Mucho tiempo**

2 ¿A quiénes envió la iglesia a Jerusalén para reunirse con los apóstoles y ancianos? (15:2-3)
1. **A Pablo y Bernabé**
2. A los hombres de Judea
3. A los gentiles

3 ¿Qué sentían los hermanos al oír de la conversión de los gentiles? (15:3)
1. Gran disgusto
2. **Gran gozo**
3. Mucho temor

4 Según algunos creyentes que eran fariseos, ¿qué debían hacer los gentiles? (15:5)
1. Ser circuncidados
2. Guardar la ley de Moisés
3. **Ambas respuestas son correctas.**

5 ¿Cómo mostró Dios que Él aceptaba a los gentiles? (15:8)
1. Poniendo una marca en sus cabezas
2. Maldiciendo el ganado de los judíos
3. **Dándoles el Espíritu Santo**

6 ¿Por medio de qué dijo Pedro que seremos salvos? (15:11)
1. Por la ley de Moisés y los profetas
2. **Por la gracia del Señor Jesús**
3. Ambas respuestas son correctas.

7 ¿Quiénes callaron mientras oían a Bernabé y Pablo contar de las señales y maravillas que Dios había hecho entre los gentiles? (15:12)
1. Ninguno
2. **Toda la multitud**
3. Sólo los apóstoles

8 Los apóstoles y ancianos, con toda la iglesia, decidieron elegir a algunos de entre ellos y enviarlos a Antioquía con Pablo y Bernabé. ¿A quiénes eligieron? (15:22)
1. **A Judas y Silas**
2. A Pedro y Juan
3. A María y Marta

9 ¿Qué hicieron Judas y Silas en Antioquía? (15:32)
1. Hablaron muy poco.
2. **Consolaron y confirmaron a los hermanos con abundancia de palabras.**
3. Dijeron exactamente lo que decía la carta.

10 ¿Qué hicieron Pablo y Silas en Siria y Cilicia? (15:40-41)
1. **Confirmaron a las iglesias.**
2. Edificaron nuevas iglesias.
3. Ambas respuestas son correctas.

PREGUNTAS PARA LA COMPETENCIA AVANZADA

A fin de preparar a los niños para la competencia, léales Hechos 14:26-28; 15:1-12, 22-41.

1 ¿A quiénes abrió Dios la puerta de la fe? (14:26-27)
1. A los judíos
2. A Pablo y Bernabé
3. **A los gentiles**
4. A los apóstoles

2 Algunos hombres enseñaban que uno debía ser circuncidado para ser salvo. ¿Por qué creían eso? (15:1)
1. **Porque era conforme al rito de Moisés**
2. Porque era conforme a la costumbre de los gentiles
3. Porque era conforme a la costumbre que enseñó Jesús
4. Porque era conforme a la costumbre en Antioquía

3 Según los fariseos, ¿la ley de quién debían mandar que guardasen los gentiles? (15:5)
1. La ley de los gentiles
2. La ley de Pedro
3. **La ley de Moisés**
4. La ley de la nación

4 ¿Cómo mostró Dios que Él aceptaba a los gentiles? (15:8)
1. Sacándolos de la cárcel
2. Por el poder que le dio a Pedro
3. **Dándoles el Espíritu Santo lo mismo que a los judíos**
4. Enviándoles una visión

5 ¿Cómo describió a Bernabé y Pablo la carta enviada a los creyentes gentiles en Antioquía, Siria y Cilicia? (15:26)
1. Hombres cansados que necesitaban un lugar para descansar
2. Hombres que harían cualquier cosa por sus compatriotas judíos
3. Hombres que necesitaban aprender la ley de Moisés
4. **Hombres que han expuesto su vida por el nombre de nuestro Señor Jesucristo**

6 ¿Por qué los apóstoles y ancianos enviaron a Judas y Silas a Antioquía? (15:27)
1. Para ver qué pasaba con los gentiles
2. Para pedirles dinero
3. **Para hacerles saber de palabra lo mismo que habían escrito**
4. Para perseguir a los gentiles

7 Según la carta, ¿de qué debían abstenerse los gentiles? (15:29)
1. De lo sacrificado a ídolos y de sangre
2. De ahogado
3. De fornicación
4. **Todas las respuestas son correctas.**

8 ¿Por qué a Pablo no le parecía bien llevar con ellos a Juan, el que tenía por sobrenombre Marcos? (15:37-38)
1. Porque era gentil
2. Porque estaba enfermo y débil para viajar
3. Porque tenía una familia que lo necesitaba
4. **Porque se había apartado de ellos desde Panfilia**

9 ¿Qué sucedió debido al serio desacuerdo entre Pablo y Bernabé? (15:39)
1. Pidieron disculpas y se perdonaron el uno al otro.
2. **Se separaron.**
3. Dejaron de predicar y enseñar.
4. Tomaron vacaciones.

10 ¿Qué hizo Pablo cuando viajó por Siria y Cilicia? (15:41)
1. **Confirmó a las iglesias.**
2. Decidió viajar primero por tierra y después por mar.
3. Pidió a Bernabé y a Marcos que se reunieran con él.
4. Todas las respuestas son correctas.

"Pedro les dijo: Arrepentíos, y bautícese cada uno de vosotros en el nombre de Jesucristo para perdón de los pecados; y recibiréis el don del Espíritu Santo" (Hechos 2:38).

Verdad Bíblica

Dios nos da la oportunidad de aceptar su regalo de salvación.

Sugerencia para la Enseñanza

•Si un preso escapaba de una cárcel romana, al guarda o guardas de ese preso los mataban en su lugar. Por esta razón el carcelero en Filipos se iba a quitar la vida.

LECCIÓN ONCE

Hechos 16:6–40
El Testimonio de Pablo en Filipos

COMENTARIO BÍBLICO

En la lección de hoy leemos sobre tres personas que recibieron buena influencia del evangelio en Filipos: Lidia, una muchacha que adivinaba el futuro y un carcelero.

En Filipos, Pablo halló a un grupo de mujeres reunidas junto al río. Una de ellas, Lidia, era una próspera negociante que vendía púrpura. La púrpura se vendía a personas ricas o a gente asociada con la realeza. Lidia tenía éxito en lo social, pero sus necesidades espirituales fueron satisfechas sólo por Cristo. Su conversión y hospitalidad hicieron que su hogar fuese la base para las misiones en Filipos.

Había una muchacha que tenía un espíritu por el que adivinaba el futuro. Pablo ordenó, en el nombre de Jesús, que el demonio saliera de ella. El exorcismo impidió que sus amos siguieran ganando dinero, así que azotaron y encarcelaron a Pablo y Silas. Esta fue una de las muchas veces que Pablo sufrió por su fe en Jesús, tal como se predijo en Hechos 9:16.

En la cárcel, Silas y Pablo cantaban himnos y oraban a Dios mientras los otros presos escuchaban. Adoraban aunque estaban sufriendo. Como Pablo y Silas, nosotros podemos ayudar a que otros vean que Dios está obrando en nuestra vida a pesar de las circunstancias. Cuando alabamos a Dios durante las pruebas, damos un gran testimonio del poder del Espíritu Santo.

Un terremoto les dio la oportunidad de escapar. Sin embargo, Pablo y Silas vieron la oportunidad de compartir el evangelio. No sólo salvaron la vida del carcelero sino que lo guiaron a la vida eterna en Jesús.

Pablo fue fiel a la dirección del Espíritu, aunque lo llevó

en direcciones inesperadas. Pablo obedeció a Dios yendo a Macedonia en vez de Frigia y Galacia. Mientras buscaba un lugar especial donde orar, Pablo le testificó a Lidia. Cuando se preparaba para un día de ministerio, Pablo liberó a una joven poseída. Por eso lo echaron en la cárcel. Estando en la cárcel, pudo testificar a otros prisioneros además del carcelero. En todos estos eventos inesperados, Pablo irradiaba confianza y fe en el Espíritu Santo. Sería aconsejable seguir el ejemplo de Pablo, proclamando el mensaje de Jesús dondequiera que estemos, sin tomar en cuenta nuestras circunstancias

ACTIVIDAD

Para esta actividad necesitará lo siguiente:

- Objetos para preparar una pista de obstáculos
- Una bufanda o toalla pequeña para vendar los ojos

Antes de la clase, prepare una pista de obstáculos: un recorrido con objetos que el niño deberá rodear o sobre los que deberá saltar para llegar al final. Si es posible, prepare esta pista en otro cuarto, de modo que los niños que participen no puedan ver los obstáculos antes que empiece la actividad. Puede usar cajas de cartón, bolsas llenas con periódicos viejos, o alguna otra cosa que tenga. (Al preparar la pista, tome en cuenta la seguridad de los niños.) Provea una bufanda o toalla pequeña para vendar los ojos.

En la clase, escoja a un voluntario para que camine por la pista de obstáculos. Lleve al voluntario y a los otros niños a la pista.

Diga: **En nuestra lección de hoy, Pablo quería ir a Bitinia, pero el Espíritu Santo lo detuvo. Después de una visión de Dios, Pablo decidió ir más bien a Macedonia. Hoy, nuestro voluntario representa a Pablo. Él trató de decidir a dónde quería Dios que fuera. Ustedes pueden ayudar a dirigir a nuestro voluntario por esta pista, de manera que no tropiece ni se caiga.**

Escoja a otro voluntario para que dé direcciones orales al niño vendado. Si tienen tiempo, permita que otros niños se ofrezcan a probar la pista de obstáculos.

Diga: **Dios nos da el Espíritu Santo para ayudarnos a saber qué hacer. Dios guió a Pablo a los lugares a donde Él quería que fuese Pablo.**

LECCIÓN BÍBLICA

Prepare la historia bíblica basada en el pasaje bíblico de la lección.

En las páginas 115-148 se ha impreso una versión de fácil lectura de esta lección.

Los niños entenderán mejor la lección si les relata la historia en vez de leérsela.

Después de la historia, pida a los niños que respondan las siguientes preguntas. No hay respuestas correctas o erradas. Estas preguntas ayudan a los niños a entender la historia y aplicarla a sus vidas.

1. Dondequiera que iba Pablo, buscaba a gente que necesitaba oír del amor y perdón de Dios. ¿A dónde pode-

mos ir hoy para encontrar a personas que necesitan oír ese mensaje?

2. **¿Hay gente ahora que esté poseída por un espíritu como la muchacha esclava? ¿Cómo esclaviza el pecado a la gente?**

3. **Todos enfrentamos tiempos difíciles. ¿Cómo debemos responder cuando pasamos circunstancias difíciles como Pablo y Silas?**

4. **La historia de hoy señala el hecho de que la vida no siempre es justa. ¿Cómo debemos actuar y hablar cuando la vida es injusta?**

Diga: **Pablo escuchaba al Espíritu Santo y siempre seguía su dirección. En un relato, un ángel guió a Pablo para sacarlo de la cárcel. En otro, Pablo quedó libre de sus cadenas durante un terremoto, pero se quedó en la cárcel. En cada caso, Pablo dio testimonio a los que estaban con él acerca de la resurrección de Jesucristo. ¡Podemos seguir a Jesús porque Él vive!**

VERSÍCULO PARA MEMORIZAR

Enseñe el versículo para memorizar de la lección. Encontrará sugerencias de Actividades para Enseñar el Versículo para Memorizar en las páginas 113-114.

ACTIVIDADES ADICIONALES

Elija una de las siguientes opciones para que los niños mejoren su estudio de la Biblia.

1. Permita que los niños dramaticen la historia de Pablo y Silas en la cárcel. Provea papel y otros materiales para que ellos hagan objetos simples, como la espada y las cadenas. Asigne los personajes del relato bíblico a voluntarios. Pida a un voluntario que lea Hechos 16:6-40 mientras los otros niños actúan.

2. Repase estos primeros pasos de salvación con los niños:

• Reconoce que has pecado. Dile a Dios que lamentas haber pecado. Con ayuda de Dios, deja de hacer lo que es malo.

• Cree que Dios te ama y que envió a Jesús para salvarte de tus pecados. Pide a Dios que te perdone.

• Pide a Jesús que sea tu Salvador y tu mejor amigo. Ama a Dios, obedece sus mandatos y habla de Jesús a otros. Dile a otras personas lo que Dios ha hecho por ti.

Invite a todo niño que quiera aceptar la salvación de Dios para que lo haga hoy. Ore con los niños y felicite a los que hayan dado este paso tan importante. Busque cristianos maduros para que ayuden a estos niños como mentores y los animen a medida que aprenden lo que significa andar con Cristo.

PREGUNTAS PARA LA COMPETENCIA BÁSICA

A fin de preparar a los niños para la competencia, léales Hechos 16:6-40.

1 ¿En qué lugar prohibió el Espíritu Santo a Pablo y sus compañeros que hablaran la palabra? (16:6)
  1. En Grecia
  2. En Asia
  3. En Jerusalén

2 ¿Por qué Pablo comprendió que Dios los llamaba a predicar el evangelio en Macedonia? (16:9-10)
  1. Tuvo una visión de un varón de Macedonia.
  2. Recibió una carta de Macedonia.
  3. La gente le rogó que fuera a Macedonia.

3 ¿A quiénes hallaron Pablo y sus compañeros junto al río un día de reposo? (16:13-14)
  1. A saduceos
  2. A Lidia y otras mujeres
  3. A los hermanos de Judea

4 ¿Cómo ganaba dinero la muchacha esclava? (16:16)
  1. Adivinando
  2. Vendiendo telas e hilos
  3. Trabajando como cocinera

5 ¿Por qué los amos de la muchacha prendieron a Pablo y Silas? (16:19)
  1. Querían ganar dinero con los milagros que ellos hacían.
  2. Vieron que había salido la esperanza de su ganancia.
  3. Tuvieron celos de sus poderes.

6 ¿Qué hacían Pablo y Silas en la cárcel a medianoche? (16:25)
  1. Oraban
  2. Cantaban himnos
  3. Ambas respuestas son correctas.

7 ¿Qué causó que las puertas de la cárcel se abrieran y que las cadenas de todos se soltaran? (16:26-27)
  1. El carcelero decidió liberar a todos.
  2. Sobrevino un gran terremoto.
  3. Hubo una tormenta terrible.

8 El carcelero preguntó a Pablo y Silas: "Señores, ¿qué debo hacer para ser salvo?" ¿Qué le dijeron ellos? (16:31)
  1. "Tienes que dejarnos ir libres".
  2. "Debes dar diezmo a la sinagoga".
  3. "Cree en el Señor Jesucristo, y serás salvo, tú y tu casa".

9 ¿Qué hicieron en seguida el carcelero y su familia? (16:33)
  1. Liberaron a Pablo y Silas.
  2. Se bautizaron.
  3. Se escaparon.

10 ¿Por qué se regocijó el carcelero? (16:34)
  1. Porque no lo castigaron por dejar que escapen Pablo y Silas
  2. Porque salió temprano del trabajo
  3. Por haber creído a Dios

PREGUNTAS PARA LA COMPETENCIA AVANZADA

A fin de preparar a los niños para la competencia, léales Hechos 16:6-40.

1 ¿Qué sucedió cuando Pablo y sus compañeros intentaron ir a Bitinia? (16:7)
   1. Cruzaron fácilmente la frontera.
   2. Los guardas en la frontera les hicieron muchas preguntas.
   3. El Espíritu no se los permitió.
   4. Ellos cambiaron de idea y se fueron.

2 ¿Quién dijo: "Pasa a Macedonia y ayúdanos"? (16:9)
   1. Un varón macedonio que Pablo vio en una visión
   2. Un mendigo macedonio en el camino a Troas
   3. El gobierno macedonio
   4. La iglesia en Macedonia

3 ¿Quién era Lidia? (16:14)
   1. Una vendedora de púrpura
   2. Una mujer de Tiatira
   3. Una mujer que adoraba a Dios
   4. Todas las respuestas son correctas.

4 En Filipos, una muchacha tenía espíritu de adivinación. ¿Qué sucedió después que Pablo se fastidió y dijo al espíritu: "Te mando en el nombre de Jesucristo, que salgas de ella" (16:18-20)
   1. El espíritu salió de la muchacha.
   2. Los amos de la muchacha prendieron a Pablo y Silas.
   3. A Pablo y Silas los llevaron ante las autoridades.
   4. Todas las respuestas son correctas.

5 ¿Por qué Pablo clamó a gran voz: "No te hagas ningún mal, pues todos estamos aquí"? (16:27-28)
   1. Para asegurarle a Silas que él todavía estaba allí
   2. Para impedir que el carcelero se matara porque pensó que los presos habían escapado
   3. Para impedir que los otros presos pelearan entre sí
   4. Porque el magistrado iba a golpear al carcelero por dejarlos libres

6 ¿Qué les preguntó el carcelero a Pablo y Silas? (16:29-30)
   1. "¿Cómo sucedió esto?"
   2. "¿Son ustedes magos?"
   3. "¿Qué debo hacer para ser salvo?"
   4. "¿De dónde vinieron ustedes?"

7 ¿Por qué se regocijó el carcelero? (16:34)
   1. Porque él y toda su casa habían creído en Dios
   2. Porque los presos escaparon
   3. Porque ya no era carcelero
   4. Todas las respuestas son correctas.

8 ¿Cuándo los magistrados enviaron la orden para que soltasen a Pablo y Silas? (16:35)
   1. Cuando fue de día
   2. Esa misma noche
   3. Una semana después
   4. Después de dos semanas

9 ¿Qué quería Pablo que hicieran los magistrados? (16:37)
   1. Que los dejaran salir de la cárcel discretamente
   2. Que ellos mismos fueran y los sacaran a él y a Silas de la cárcel
   3. Que pidieran perdón públicamente por haberlos azotado
   4. Todas las respuestas son correctas.

10 Completen este versículo: "Pedro les dijo: Arrepentíos, y bautícese cada uno de vosotros en el nombre de Jesucristo para perdón de los pecados; y recibiréis..." (Hechos 2:38).
   1. "... vida eterna".
   2. "... el don del Espíritu Santo".
   3. "... riquezas sin medida".
   4. "... todo lo que el Señor les ha prometido".

Versículo para Memorizar
"Porque serás testigo suyo a todos los hombres, de lo que has visto y oído" (Hechos 22:15).

Verdad Bíblica
Dios nos envía al mundo para compartir su amor.

Sugerencia para la Enseñanza
• Pablo reconoció que los atenienses eran religiosos. Mucha gente afirma ser religiosa, pero no conocen realmente a Dios. Es importante que no seamos sólo religiosos, sino que creamos en Jesucristo y lo aceptemos como nuestro Salvador, es decir, que realmente le conozcamos.

Hechos 17:1–34
De Viaje Otra Vez

COMENTARIO BÍBLICO

Mientras Pablo estaba en Atenas, vio muchos ídolos por toda la ciudad. Incluso tenían uno con la inscripción "AL DIOS NO CONOCIDO". Atenas era una ciudad élite, con una universidad y eruditos que valoraban las ideas y el aprendizaje. Pablo debatió con filósofos epicúreos y estoicos. Los epicúreos buscaban el placer para lograr la felicidad. A veces usaban la abnegación para alcanzar felicidad duradera. Los estoicos enseñaban a vivir de acuerdo con la naturaleza y a no ser afectados emocionalmente por las circunstancias.

Pablo predicó que el "Dios No Conocido" que ellos adoraban era, de hecho, el único Dios viviente y verdadero. Explicó que Dios creó el mundo, que Él nos da vida y aliento, y que somos sus hijos.

El mensaje del evangelio que Pablo predicaba refutó muchas de las ideas que los atenienses aceptaban en su cultura. Los atenienses eran diferentes de los judíos a quienes antes Pablo había predicado. Esta nueva audiencia no conocía las Escrituras judías. Así que Pablo les enseñó en el idioma que entendían. Usó metáforas conocidas para ayudarles a entender a Dios. Incluso usó citas de la literatura atenea para describir a Dios. Habló a esos filósofos educados en una forma que apelaba a su intelecto. Les presentó el evangelio en una manera que los cautivó.

Los atenienses deseaban algo auténtico que adorar. Buscaban algo que diera significado y propósito a sus vidas. Sabemos que tenían la mente abierta a la idea de un nuevo Dios ya que reconocían al "Dios No Conocido". Asimismo, muchas personas en nuestro mundo hoy buscan a Dios, pero no saben cómo describirlo. Es nuestra responsabilidad encontrar cómo proclamar el mensaje de Jesús a todos, no sólo a los que tienen trasfondos similares a los nuestros. Es a Jesús a quien ellos buscan, y sólo Él puede saciar su deseo de conocer a Dios.

PALABRAS RELACIONADAS CON NUESTRA FE

día de reposo – El día que Dios apartó para descansar, adorar y hacer el bien. Para los judíos, el día de reposo es el séptimo día (sábado). Los cristianos celebran el día del Señor (domingo) como su día de reposo, porque fue cuando Jesús resucitó.

misionero – Una persona llamada por Dios y enviada por la iglesia para llevar el evangelio a gente de otros países o culturas.

ídolo – Todo lo que se adora en lugar de Dios o se ama más que a Dios. La ciudad de Atenas estaba llena de ídolos hechos de oro, plata o piedra.

Areópago – Una colina en Atenas donde un concilio de filósofos se reunía para discutir temas filosóficos. Pablo le habló a este grupo acerca de la resurrección de Jesús.

ACTIVIDAD

Para esta actividad necesitará lo siguiente:

- Un pedazo de papel para cada niño
- Un lápiz o lapicero para cada niño

Antes de la clase, escriba en los papeles esta declaración: "Estoy dispuesto a ir a dondequiera que Dios me pida que vaya para hablarle a la gente acerca de Jesús". En la parte inferior del papel, trace una línea para la firma del niño.

En la clase, diga: **Hemos estudiado los viajes que hizo Pablo a muchas ciudades.**

¿Por qué viajó Pablo a esas ciudades? (Dios le pidió a Pablo que hablara de Jesús a la gente.) **¿Qué es un misionero?** (Alguien que viaja a otro país o cultura para hablar a la gente sobre Dios y su plan de salvación mediante Jesús.) **¿En qué forma habría sido diferente el mundo si Pablo se hubiese quedado en Jerusalén y se hubiese negado a viajar?** (La gente en otros lugares del mundo no habría oído de Jesús. Dios podría haber escogido a alguien más para difundir el evangelio, pero quizás no hubiese tenido el valor y la determinación de Pablo.)

Diga: **Dios podría pedirle a uno de ustedes que se vaya de su ciudad y viaje a otro lugar para proclamar el evangelio. Si Dios les pidiera hacer eso, ¿responderían "sí"?**

Distribuya los papeles y lápices. Lea la declaración; luego ore, pidiendo a Dios que ayude a los niños a estar dispuestos para hablar a otros acerca de Jesús, ya sea donde viven o en otro lugar del mundo. Anime a los niños a escribir su nombre si están dispuestos a compartir las buenas nuevas de Jesús, dondequiera que vayan, y a toda persona a quien Dios les pida hablar. Algunos niños firmarán de inmediato, pero otros tal vez quieran hacerlo después. Dígales que lleven el papel a su casa y que lo guarden en su Biblia o en otro lugar seguro.

Diga: **Damos gracias a Dios por Pablo y otros misioneros que difunden el evangelio a muchas áreas del mundo.**

LECCIÓN BÍBLICA

Prepare la historia bíblica basada en el pasaje bíblico de la lección.

En las páginas 115-148 se ha impreso una versión de fácil lectura de esta lección.

Los niños entenderán mejor la lección si les relata la historia en vez de leérsela.

Después de la historia, pida a los niños que respondan las siguientes preguntas. No hay respuestas correctas o erradas. Estas preguntas ayudan a los niños a entender la historia y aplicarla a sus vidas.

1. **En su opinión, ¿por qué los judíos que causaron alboroto en Tesalónica tuvieron celos de Pablo?** A veces, cuando alguien tiene éxito en algo, la gente siente celos. ¿Alguna vez han tenido celos de alguien que era mejor que ustedes en algo?

2. **¿Por qué se dice que los de Berea eran más nobles que los tesalonicenses? ¿Es importante estudiar las Escrituras para ver si lo que alguien dice es verdad? ¿Por qué sí o por qué no? ¿Cómo saben ustedes si alguien está enseñando la verdad?**

3. **¿Cómo se habrían sentido si hubiesen estado en el grupo de filósofos en el Areópago, escuchando a Pablo hablar? ¿Cómo hubiesen respondido a sus palabras?**

4. **¿Adora la gente a ídolos aún ahora? Expliquen su respuesta.**

Diga: **A veces Dios manda a personas a lugares lejanos, o a culturas desconocidas, para que sean misioneros y proclamen sus buenas nuevas. Otras veces, Dios llama a gente para que sean testigos en el lugar donde están. Ya sea que viajemos o que nos quedemos, demos gracias a Dios por las oportunidades que recibimos para compartir su amor con otros.**

VERSÍCULO PARA MEMORIZAR

Enseñe el versículo para memorizar de la lección. Encontrará sugerencias de Actividades para Enseñar el Versículo para Memorizar en las páginas 113-114.

ACTIVIDADES ADICIONALES

Elija una de las siguientes opciones para que los niños mejoren su estudio de la Biblia.

1. Diga: **Un ídolo es algo o alguien que una persona adora en lugar de Dios. En el Antiguo Testamento, la gente hacía ídolos de madera, oro u otros metales, o piedra. En el Nuevo Testamento, la ciudad de Atenas estaba llena de ídolos que la gente adoraba. Hoy, algunas personas aún dan mayor prioridad a alguien o algo en vez de Dios.**
Pregunte: **¿Cuáles son nuestros ídolos hoy?** Escriba las respuestas en la pizarra o en un papel grande. Algunas respuestas podrían ser: dinero, fama, popularidad, actores o cantantes, deportistas, educación, etc. **¿Qué diría Pablo a la gente acerca de dar mayor prioridad a estas personas y cosas?**

2. Pregunte: **¿Alguna vez fueron testigos de un accidente? ¿Les pidió alguien que contaran lo que sucedió?** (Permita que los niños respondan). Lea Hechos 22:15. Diga: **Este versículo incluye la palabra "testigo". ¿Qué significa ser testigo por Jesús?** (Contar a otros lo que Jesús hizo por nosotros).

Pida a un adulto que venga a su clase y cuente cómo llegó a ser cristiano, y cómo el Espíritu Santo le ayuda a vivir como cristiano. Anime a los niños a ser testigos por Jesús a su familia y sus amigos.

PREGUNTAS PARA LA COMPETENCIA BÁSICA

A fin de preparar a los niños para la competencia, léales Hechos 17:1-34.

1 ¿Quién dijo: "Jesús, a quien yo os anuncio, decía él, es el Cristo"? (17:1-3)
1. Silas
2. Pablo
3. Timoteo

2 ¿La casa de quién asaltaron los judíos en busca de Pablo y Silas? (17:5)
1. La casa de Jasón
2. La casa de María
3. La casa de Lidia

3 ¿Qué le hicieron las autoridades de la ciudad a Jasón cuando no hallaron a Pablo y Silas en su casa? (17:6-9)
1. Lo azotaron.
2. Lo interrogaron.
3. Le hicieron pagar fianza.

4 ¿A quién enviaron hacia el mar cuando los judíos de Tesalónica fueron a Berea para alborotar a las multitudes? (17:13-14)
1. A Pablo
2. A Silas
3. Ambas respuestas son correctas.

5 ¿Qué enardecía a Pablo mientras esperaba a Silas y Timoteo en Atenas? (17:16)
1. Que ellos tardaban mucho en llegar
2. Que él no podía hablar su idioma
3. Que la ciudad estaba entregada a la idolatría

6 ¿Qué inscripción había en un altar en Atenas? (17:23)
1. "Al Señor Jesucristo"
2. "Al dios no conocido"
3. "Al pueblo de Atenas"

7 ¿Qué da Dios a todos? (17:25)
1. Vida y aliento y todas las cosas
2. Todas las riquezas del mundo
3. Todo lo que le pidamos

8 ¿Quién no está lejos de cada uno de nosotros? (17:27)
1. Pablo
2. Dios
3. Pedro

9 ¿Qué dijeron algunos de los poetas atenienses? (17:28)
1. Somos de él.
2. Somos herederos del reino.
3. Linaje suyo somos.

10 ¿Cómo dio fe Dios de que ha establecido un día en el cual juzgará al mundo con justicia? (17:31)
1. Levantando a Jesús de los muertos
2. Dándole a Pablo las palabras que debía decir
3. Ofreciendo juicio en la tierra

PREGUNTAS PARA LA COMPETENCIA AVANZADA

A fin de preparar a los niños para la competencia, léales Hechos 17:1-34.

1 En Tesalónica, ¿qué hicieron los judíos porque tenían celos? (17:5)
1. Se arrepintieron y fueron bautizados.
2. Azotaron a Pablo y a Silas.
3. **Juntaron una turba y alborotaron la ciudad.**
4. Enviaron a su sumo sacerdote a la cárcel.

2 ¿De qué acusaron los judíos en Tesalónica a Pablo y Silas? (17:6-7)
1. **De contravenir los decretos de César, diciendo que hay otro rey**
2. De esconder a enemigos entre ellos
3. De visitar las casas de pecadores
4. De hacer milagros en el día de reposo

3 ¿Cómo recibieron el mensaje los de Berea? (17:11)
1. A regañadientes
2. Poco a poco, después de consultar a los sacerdotes
3. Con una actitud de rechazo
4. **Con toda solicitud**

4 ¿Qué hicieron los judíos de Tesalónica cuando supieron que Pablo estaba anunciando la palabra de Dios en Berea? (17:13)
1. Se fueron de Berea.
2. **Alborotaron a las multitudes en Berea.**
3. Calmaron a las multitudes en Berea.
4. Todas las respuestas son correctas.

5 Pablo debatió con un grupo de filósofos. ¿Qué dijeron algunos de ellos? (17:18)
1. "Él está tratando de causar problemas".
2. **"Parece que es predicador de nuevos dioses".**
3. "Este hombre predica la verdad".
4. "Él simplemente está enseñando".

6 ¿Qué es lo que más interesaba a los atenienses y extranjeros que residían allí? (17:21)
1. **Decir y oír algo nuevo**
2. Hacer lo que les agradaba
3. Adorar a sus ídolos
4. Atender a visitantes

7 ¿Cómo supo Pablo que los varones atenienses eran muy religiosos? (17:22-23)
1. **Halló un altar con esta inscripción: "Al Dios No Conocido".**
2. Tenían cuadros de Jesús en las paredes.
3. Obedecían la ley y a los profetas.
4. Halló prueba de que Jesús estuvo allí.

8 Mientras estaba en Atenas, ¿cómo describió Pablo a Dios? (17:24)
1. Como un Dios celoso
2. Como un Dios inalcanzable
3. **Como Señor del cielo y de la tierra**
4. Como un Dios airado

9 ¿Quién da a todos vida, aliento y todas las cosas? (17:24-25)
1. Pablo
2. **Dios**
3. Zeus
4. Atenea

10 ¿Qué hará Dios en el día que ha establecido? (17:31)
1. Enviará un diluvio a toda la tierra.
2. **Juzgará al mundo con justicia.**
3. Demostrará su poder.
4. Él volverá.

Versículo para Memorizar

"¿Qué, pues, diremos a esto? Si Dios es por nosotros, ¿quién contra nosotros?" (Romanos 8:31).

Verdad Bíblica

Dios nos anima a compartir su amor aunque otros nos rechacen.

Sugerencia para la Enseñanza

• El oficio de Pablo era hacer tiendas. Esas tiendas las hacían con cuero o con un tejido de pelo de cabra. Este era el trabajo que realizaba Pablo para sostenerse mientras evangelizaba a la gente que llegaba a conocer.

LECCIÓN TRECE

Hechos 18:1–11, 18–28

Enseñando y Predicando

COMENTARIO BÍBLICO

Lucas nos presenta a otros ministros que ayudaron a Pablo: Priscila, Aquila y Apolos.

Cuando muchos de la población judía en Corinto rehusaron arrepentirse, Pablo se liberó de la responsabilidad de enseñarles. Él se concentró en los gentiles porque respondían al mensaje. Una visión del Señor animó a Pablo a permanecer en Corinto y se quedó allí por 18 meses. Durante ese tiempo tuvo muchas oportunidades para compartir el mensaje de Jesús y establecer relaciones con la gente.

Cuando Pablo se fue de Corinto, Priscila y Aquila fueron con él. Los tres tenían mucho en común. Eran del mismo oficio y tenían la misma vocación. Estando en Éfeso conocieron a Apolos, un fundador de iglesias de Egipto. Apolos era inteligente y conocía las Escrituras. Pero, no conocía toda la historia de Jesús. Así que Priscila y Aquila lo discipularon. Usando lo que aprendió, Apolos viajó a Acaya proclamando y defendiendo la fe.

En 1 Corintios Pablo menciona el trabajo de Priscila y Aquila (16:19) y Apolos (3:6, 9). Dice que él plantó la semilla del evangelio en Corinto, pero Apolos fue después y regó, animando y enseñando a los creyentes. Dios fue quien dio el crecimiento.

El ministerio no es trabajo de una persona. Se requiere de muchas personas para hacer bien el trabajo. En la lección de hoy aprendemos que:

• Debemos mostrar gracia cuando aconsejamos a otros.

Aquila y Priscila le hicieron ver a Apolos que su conocimiento de Jesús era limitado. Sin embargo, lo hicieron en privado para no avergonzarlo.

- Todos tenemos que cumplir el papel de ministrar a las personas a nuestro alrededor y proclamarles el evangelio.

A veces es fácil desanimarse cuando alguien no acepta a Cristo. Sin embargo, podemos tener paz sabiendo que Dios puede usarnos y nos usará a todos para guiar a otros a conocerle. Así como Él usó a Apolos para regar la semilla que Pablo plantó, nos puede usar para plantar la semilla de fe o ayudar a que crezca.

ACTIVIDAD

Para esta actividad necesitará lo siguiente:
- Pizarra y tiza, o pizarra blanca y marcadores

Antes de la clase, escriba esta oración en la pizarra: "Sin embargo, Pablo obedeció a Dios".

En la clase, diga: **Hoy conoceremos algunas de las experiencias difíciles de Pablo. Leeré una oración, y quiero que después ustedes lean lo que está escrito en la pizarra. Repitan estas palabras después que yo lea cada oración.**

Lea estas oraciones y espere a que los niños respondan.

- **En Jerusalén, los cristianos temían a Saulo.** (Sin embargo, Pablo obedeció a Dios.)
- **En Salamina, un mago quiso impedir que Saulo evangelizara al gobernante.** (Sin embargo, Pablo obedeció a Dios.)
- **En Antioquía de Pisidia, algunos ju-díos causaron problemas a Pablo y Bernabé.** (Sin embargo, Pablo obedeció a Dios.)
- **En Iconio, algunos judíos alborotaron a los gentiles y planearon maltratar y apedrear a Pablo.** (Sin embargo, Pablo obedeció a Dios.)
- **En Listra, algunas personas apedrearon a Pablo y lo arrastraron fuera de la ciudad.** (Sin embargo, Pablo obedeció a Dios.)
- **Pablo y Bernabé tuvieron un desacuerdo acerca de Juan Marcos.** (Sin embargo, Pablo obedeció a Dios.)
- **Pablo quería ir a Misia, pero el Espíritu Santo le dijo que fuera a Macedonia.** (Sin embargo, Pablo obedeció a Dios.)
- **En Filipos, los magistrados encerraron a Pablo y Silas en la cárcel.** (Sin embargo, Pablo obedeció a Dios.)
- **En Tesalónica, los judíos iniciaron un alboroto contra Pablo.** (Sin embargo, Pablo obedeció a Dios.)
- **En Atenas, unos creyeron en Jesús, pero otros se burlaban de Pablo.** (Sin embargo, Pablo obedeció a Dios.)
- **En Corinto, los judíos se opusieron a Pablo y comenzaron a blasfemar, así que él se dirigió a los gentiles.** (Sin embargo, Pablo obedeció a Dios.)

Diga: **Pablo sufrió muchas situaciones difíciles. Tal vez ustedes también enfrenten burlas o situaciones difíciles. No se den por vencidos. Quizá sus amigos** o familiares no aprecien lo que ustedes digan o hagan como cristianos. Sin embargo, como Pablo, sigan obedeciendo a Dios.

LECCIÓN BÍBLICA

Prepare la historia bíblica basada en el pasaje bíblico de la lección.

En las páginas 115-148 se ha impreso una versión de fácil lectura de esta lección.

Los niños entenderán mejor la lección si les relata la historia en vez de leérsela.

Después de la historia, pida a los niños que respondan las siguientes preguntas. No hay respuestas correctas o erradas. Estas preguntas ayudan a los niños a entender la historia y aplicarla a sus vidas.

1. **¿Cómo creen que se sintieron Aquila y Priscila en cuanto a salir de Roma e irse tan lejos?**
2. **Pablo hizo amistad con Aquila y Priscila. ¿En qué creen que ellos lo ayudaron? ¿En qué los ayudan a ustedes sus amigos?**
3. **Pablo podría haberse desanimado cuando la gente no quería oír su mensaje. ¿Qué le dijo Dios a él en 18:9-10?**
4. **En sus propias palabras, digan qué sucedió cuando Apolos llegó a Éfeso y enseñó en la sinagoga.**

Diga: **A medida que más y más gente era rescatada de su vida de pecado, las buenas nuevas se difundieron. El poder de Dios era evidente. Todos oyeron lo que estaba pasando. Muchas personas llegaron a ser seguidores de Jesucristo. Nosotros también podemos decidir que seguiremos a Jesucristo, como la gente a la que Pablo le predicaba.**

VERSÍCULO PARA MEMORIZAR

Enseñe el versículo para memorizar de la lección. Encontrará sugerencias de Actividades para Enseñar el Versículo para Memorizar en las páginas 113-114.

ACTIVIDADES ADICIONALES

Elija una de las siguientes opciones para que los niños mejoren su estudio de la Biblia.

1. De la lista de pares que aparece abajo, escriba por separado cada nombre o frase en un papelito. Entregue un papelito a cada niño. Dé tiempo para que los niños formen los pares correspondientes. Luego permítales decir cómo se relaciona esa persona o lugar a nuestras lecciones de Hechos.
   - Aquila | Priscila
   - Pablo | Silas
   - Crispo | El principal de la sinagoga
   - Apolos | Necesitaba información
   - Atenas | Ciudad con el ídolo del dios no conocido
   - Lidia | Vendedora de púrpura
   - Jasón | Le abrió su hogar a Pablo
2. Provea papel y crayolas o marcadores. Ayude a los niños a hacer una tarjeta para alguien que esté desanimado. Provea algunos versículos bíblicos que ellos puedan usar en las tarjetas.

PREGUNTAS PARA LA COMPETENCIA BÁSICA

A fin de preparar a los niños para la competencia, léales Hechos 18:1-11, 18-28.

1 ¿A dónde fue Pablo después que salió de Atenas? (18:1)
1. A Tesalónica
2. **A Corinto**
3. A Antioquía

2 ¿Por qué Pablo se quedó con Aquila y Priscila? (18:2-3)
1. **Porque él hacía tiendas como ellos**
2. Porque ellos tenían mucho dinero
3. Porque ellos eran de Italia

3 En Corinto, ¿qué hacía Pablo todos los días de reposo? (18:4)
1. **Discutía en la sinagoga.**
2. Trabajaba haciendo tiendas.
3. Se iba a su casa en Tarso.

4 ¿Quién le dijo a Pablo: "No temas, sino habla, y no calles"? (18:9)
1. **El Señor, en una visión**
2. Bernabé y Timoteo
3. Los creyentes en Corinto

5 ¿Cuánto tiempo se quedó Pablo en Corinto? (18:11)
1. Dos semanas
2. **Un año y seis meses**
3. Poco tiempo

6 ¿Por qué Pablo se rapó la cabeza en Cencrea? (18:18)
1. Porque su pelo estaba muy largo
2. Porque no quería que nadie lo reconociese
3. **Porque había hecho un voto**

7 ¿Qué hizo Pablo por toda la región de Galacia y Frigia? (18:23)
1. **Confirmó a todos los discípulos.**
2. Se escondió entre los gentiles.
3. Ambas respuestas son correctas.

8 ¿Cuál era el único bautismo que Apolos conocía? (18:25)
1. El bautismo de Pedro
2. **El bautismo de Juan**
3. El bautismo de Jesús

9 ¿Qué hicieron Priscila y Aquila por Apolos? (18:26)
1. Le tomaron aparte.
2. Le expusieron más exactamente el camino de Dios.
3. **Ambas respuestas son correctas.**

10 ¿Qué hizo Apolos cuando llegó a Acaya? (18:27-28)
1. Con gran vehemencia refutaba públicamente a los judíos.
2. Demostró por las Escrituras que Jesús era el Cristo.
3. **Ambas respuestas son correctas.**

PREGUNTAS PARA LA COMPETENCIA AVANZADA

A fin de preparar a los niños para la competencia, léeles Hechos 18:1-11, 18-28.

1 ¿Por qué Aquila y Priscila fueron de Italia a Corinto? (18:1-2)
1. Porque allí tenían amigos y familiares
2. **Porque Claudio había ordenado que todos los judíos saliesen de Roma**
3. Porque estaban buscando trabajo en Corinto
4. Porque Priscila necesitaba vacaciones

2 ¿Qué hacía Pablo en la sinagoga todos los días de reposo? (18:4)
1. **Discutía y persuadía a judíos y a griegos.**
2. Predicaba cuando el rabí no estaba allí.
3. Hablaba de sus viajes.
4. Condenaba a los pecadores.

3 ¿Qué dijo Pablo cuando los judíos se opusieron a él y blasfemaron? (18:6)
1. "Vuestra sangre sea sobre vuestra propia cabeza".
2. "Yo estoy limpio".
3. "Desde ahora me iré a los gentiles".
4. **Todas las respuestas son correctas.**

4 ¿Quiénes acompañaron a Pablo cuando fue a Siria? (18:18)
1. Bernabé y Timoteo
2. **Priscila y Aquila**
3. Los hermanos
4. Nadie

5 En Éfeso, ¿qué hizo Pablo cuando los judíos le pidieron que se quedase con ellos por más tiempo? (18:19-21)
1. Él aceptó.
2. **No accedió, pero dijo: "Volveré a vosotros, si Dios quiere".**
3. Les dijo que oraría acerca de eso.
4. Decidió quedarse dos semanas más.

6 ¿Cómo describe a Apolos el libro de Hechos? (18:24-25)
1. Era varón elocuente, poderoso en las Escrituras.
2. Había sido instruido en el camino del Señor, y siendo de espíritu fervoroso, hablaba y enseñaba diligentemente lo concerniente al Señor.
3. Solamente conocía el bautismo de Juan.
4. **Todas las respuestas son correctas.**

7 ¿Qué hicieron Priscila y Aquila cuando oyeron a Apolos? (18:26)
1. **Le expusieron más exactamente el camino de Dios.**
2. Lo condenaron.
3. Enviaron un mensaje a Pablo pidiéndole que regresara inmediatamente.
4. Discretamente le pidieron que se fuera.

8 En Acaya, ¿quién fue de gran provecho a los que por gracia habían creído? (18:27)
1. Pablo
2. Bernabé
3. **Apolos**
4. Todas las respuestas son correctas.

9 En Acaya, ¿qué demostró Apolos por las Escrituras? (18:28)
1. Que Pablo era el Cristo
2. Que la historia de la creación era verdadera
3. **Que Jesús era el Cristo**
4. Que Dios juzga a todos

10 Según Romanos 8:31, ¿quién es por nosotros? (Romanos 8:31)
1. Nadie
2. Todos los creyentes
3. **Dios**
4. El Señor Jesucristo

Hechos 19:1–12, 23–41; 20:7–12

Disturbios y Milagros

Versículo para Memorizar

"Pero recibiréis poder, cuando haya venido sobre vosotros el Espíritu Santo, y me seréis testigos en Jerusalén, en toda Judea, en Samaria, y hasta lo último de la tierra" (Hechos 1:8).

Verdad Bíblica

El Espíritu Santo nos da poder para hacer cosas asombrosas.

Sugerencia para la Enseñanza

•Durante el disturbio, la gente quiso llevar a Pablo a un teatro que se usaba para reuniones. En ese teatro entraban alrededor de 25,000 personas. Al estar toda la ciudad reunida en un lugar, Pablo vio la oportunidad de hablar del evangelio de Cristo a miles de personas a la vez. Ayude a los niños a comprender por qué los discípulos pensaron que Pablo corría peligro de morir en manos de esa multitud hostil.

COMENTARIO BÍBLICO

El ministerio de Pablo a los efesios produjo emociones extremas: emociones positivas hacia el Espíritu y una ira profunda contra el cristianismo.

Cuando Pablo llegó a Éfeso, los creyentes allí no habían experimentado el poder del Espíritu Santo. Pablo les hizo algunas preguntas y después les enseñó acerca de Jesús y el Espíritu Santo. También bautizó a los nuevos creyentes.

Estando Pablo en Éfeso, Dios hizo milagros por medio de él: sanó enfermedades y echó fuera malos espíritus. Esos hechos fueron evidencia de la obra del Espíritu mediante Pablo.

Pero, la ira dominó a los plateros locales, que ganaban mucho dinero vendiendo ídolos de plata de su dios. La predicación de Pablo ponía en peligro su estilo de vida, en lo religioso y financiero. Intentaron impedir el mensaje de Pablo pero no tuvieron éxito.

A pesar del alboroto en Éfeso, Pablo continuó viajando y predicando el mensaje de Cristo. Él entendía que la persecución y las pruebas serían parte de su vida.

PALABRAS RELACIONADAS CON NUESTRA FE

arrepentimiento – El acto de apartarse del pecado y volverse hacia Dios. Lamentar haber pecado, pedir perdón y vivir para Dios.

ACTIVIDAD

Para esta actividad necesitará lo siguiente:
- Un mapa del mundo
- Un mapa de su país
- Un mapa de su ciudad

En la clase, lea Hechos 1:8 a los niños. Repita el significado de "testigo". Diga: **Nombren los lugares que se mencionan en Hechos 1:8.** Permita que los niños respondan. **Jerusalén es una ciudad. Judea y Samaria son países. Lo último de la tierra representa las otras partes del mundo. Si obedecen lo que dice este versículo, testificarán del Señor en su ciudad, en su país y en otras partes del mundo.**

¿Cómo pueden testificar a la gente en su ciudad? (Pueden testificar a familiares y amigos, a la gente en las tiendas, a los que ven en la escuela y en otras partes de la ciudad.)

¿Cómo pueden testificar a la gente en otras partes de su país? (Pueden testificar a familiares o amigos que viven en otras partes del país. Quizás cuando vayan de vacaciones a otra ciudad.)

¿Cómo pueden testificar a la gente en otros países? (Pueden escribir cartas a misioneros. Cuando dan ofrenda para misiones, ayudan a los misioneros a llevar el evangelio a muchos otros países.)

Ustedes pueden testificar a la gente en su ciudad, su país y en otras partes del mundo. Pueden obedecer lo que dice Hechos 1:8.

LECCIÓN BÍBLICA

Prepare la historia bíblica basada en el pasaje bíblico de la lección.

En las páginas 115-148 se ha impreso una versión de fácil lectura de esta lección. Los niños entenderán mejor la lección si les relata la historia en vez de leérsela.

Después de la historia, pida a los niños que respondan las siguientes preguntas. No hay respuestas correctas o erradas. Estas preguntas ayudan a los niños a entender la historia y aplicarla a sus vidas.

1. ¿Cuál es la diferencia entre el bautismo de Juan y el bautismo en el nombre del Señor Jesús?
2. ¿Por qué sería que Pablo dejó de hablar en la sinagoga y fue a hablar en una escuela?
3. Expliquen qué causó el disturbio con los artífices y otros obreros en Éfeso. ¿Cómo reaccionó Pablo ante la multitud?
4. ¿Por qué los discípulos y amigos de Pablo no le dejaron hablar a la multitud?

Diga: **Pablo estaba lleno del Espíritu Santo. Eso significa que él había dado toda su vida a Dios, y el Espíritu Santo influía en todos sus pensamientos, emociones y deseos. Cuando Pablo enfrentaba problemas, el Espíritu Santo estaba con él. Se hacía la voluntad de Dios. Den gracias a Dios porque el mismo Espíritu Santo que llenó a Pablo está disponible para nosotros hoy.**

VERSÍCULO PARA MEMORIZAR

Enseñe el versículo para memorizar de la lección. Encontrará sugerencias de Actividades para Enseñar el Versículo para Memorizar en las páginas 113-114.

ACTIVIDADES ADICIONALES

Elija una de las siguientes opciones para que los niños mejoren su estudio de la Biblia.

1. Diga: **En esta lección, aprendimos acerca de algunos milagros. ¿Cuáles fueron?** (Pablo hizo que Eutico recobrara la vida. La gente usaba prendas de vestir que Pablo había tocado para sanar a los enfermos.)

   Pregunte: **¿Aún hace milagros Dios hoy? ¿Conocen de alguien que haya experimentado un milagro de Dios?**

   Pida al pastor que hable a los niños acerca de milagros que aún suceden. Tal vez alguien de su iglesia haya experimentado un milagro.

2. Los efesios aceptaron a Jesús como Salvador, pero no sabían acerca del Espíritu Santo. Pida a los alumnos que revisen los versículos de Hechos para ver cuántas veces aparece el nombre "Espíritu Santo" en este libro. (Si es necesario, asigne uno o más capítulos a cada alumno.)

   Pregunte: **¿Cómo ayuda el Espíritu Santo a los cristianos?** En la pizarra o en un papel grande, escriba los distintos ministerios del Espíritu Santo. (El Espíritu Santo es consolador, guía, maestro, fuente de fortaleza y valor, y ayudador. El Espíritu Santo nos ayuda cuando somos tentados y cuando estamos desanimados. Nos da paz, gozo, esperanza y comprensión.)

PREGUNTAS PARA LA COMPETENCIA BÁSICA

A fin de preparar a los niños para la competencia, léales Hechos 19:1-12, 23-41; 20:7-12.

1 ¿Cuántos hombres fueron bautizados y recibieron el Espíritu Santo en Éfeso? (19:5-7)
1. Cientos
2. **Unos doce**
3. Sólo unos pocos

2 ¿Qué sucedió después que los discípulos en Éfeso fueron bautizados y Pablo les impuso las manos? (19:5-6)
1. El Espíritu Santo vino sobre ellos.
2. Hablaban en lenguas y profetizaban.
3. **Ambas respuestas son correctas.**

3 ¿Quién hacía milagros extraordinarios en Éfeso? (19:11)
1. Los discípulos
2. **Dios, por mano de Pablo**
3. Todo el que creía

4 ¿Acerca de qué hubo un gran disturbio en Éfeso? (19:23)
1. **Acerca del Camino**
2. Acerca del pasado de Pablo
3. Acerca de cuál dios hecho con las manos era más poderoso

5 ¿Quién era Demetrio? (19:24)
1. Un predicador en Éfeso
2. **Un platero que hacía templecillos de Diana**
3. Un mago

6 ¿Qué dijo Pablo de los dioses hechos con las manos? (19:26)
1. Que son insensatos
2. Que son estatuas hermosas
3. **Que no son dioses**

7 Después que Pablo dijo que los dioses hechos con las manos no son dioses, ¿qué sucedió? (19:26-29)
1. **Todos se llenaron de ira y la ciudad se llenó de confusión.**
2. Los que adoraban en los altares de Diana se alegraron.
3. Los discípulos se enojaron.

8 En el teatro en Éfeso, ¿a quién empujaron los judíos? (19:33)
1. A Pablo
2. **A Alejandro**
3. A Demetrio

9 Según el escribano en Éfeso, ¿qué es lo que no eran Pablo y sus compañeros? (19:37)
1. No eran sacrílegos.
2. No eran blasfemadores de la diosa de Éfeso.
3. **Ambas respuestas son correctas.**

10 ¿Qué le sucedió a Eutico cuando se quedó dormido en la ventana? (20:9-10)
1. Cayó del tercer piso abajo y murió.
2. Pablo lo abrazó y dijo a todos que el joven estaba vivo.
3. **Ambas respuestas son correctas.**

PREGUNTAS PARA LA COMPETENCIA AVANZADA

A fin de preparar a los niños para la competencia, léales Hechos 19:1-12, 23-41; 20:7-12.

1 ¿Qué preguntó Pablo a los discípulos cuando llegó a Éfeso? (19:1-2)
1. "¿Estuvo Apolos aquí?"
2. "¿Cuántos cristianos hay aquí?"
3. **"¿Recibisteis el Espíritu Santo cuando creísteis?"**
4. "¿Recuerdan quién soy?"

2 ¿Por qué Pablo se apartó de algunos en Éfeso? (19:9)
1. Se endurecieron.
2. No creyeron.
3. Maldijeron el Camino delante de la multitud.
4. **Todas las respuestas son correctas.**

3 ¿Qué sucedía cuando llevaban a los enfermos los paños y delantales que Pablo tocaba? (19:12)
1. Los enfermos empeoraban y morían.
2. **Las enfermedades se iban de ellos y los espíritus malos salían.**
3. Los paños y delantales desaparecían mágicamente.
4. El Espíritu Santo venía sobre los enfermos.

4 ¿Cómo describe a Demetrio el libro de Hechos? (19:24)
1. Era platero.
2. Hacía templecillos de Diana.
3. Daba no poca ganancia a los artífices.
4. **Todas las respuestas son correctas.**

5 Según Demetrio, ¿qué se iba a desacreditar? (19:27)
1. **El negocio de ellos**
2. El Señor Jesucristo
3. Los adoradores de Diana
4. Todas las respuestas son correctas.

6 ¿Qué gritaron los obreros al oír lo que dijo Demetrio? (19:28)
1. "¡Que viva el rey!"
2. "¡Nosotros creemos en Jesucristo!"
3. **"¡Grande es Diana de los efesios!"**
4. "¡Arresten a Pablo y persíganlo!"

7 ¿De qué era guardiana la ciudad de Éfeso? (19:35)
1. De muchos dioses y diosas
2. **Del templo de la gran diosa Diana y su imagen**
3. De la palabra escrita de Dios
4. Todas las respuestas son correctas.

8 Según el escribano, ¿qué podían hacer Demetrio y los artífices? (19:38)
1. Quedarse si estaban calmados
2. Hacer alboroto en las calles todo el tiempo que quisieran
3. **Acusarse los unos a los otros si tenían pleito contra alguno**
4. Hacer ídolos de diferentes dioses

9 ¿Qué le sucedió a Eutico mientras Pablo predicaba? (20:9-10)
1. Lo venció el sueño.
2. Se cayó de la ventana.
3. Murió.
4. **Todas las respuestas son correctas.**

10 ¿Qué hizo Pablo después que resucitó a Eutico de los muertos? (20:10-11)
1. Dejó de predicar y se fue a su casa.
2. **Partió el pan, comió y habló hasta el alba.**
3. Le dijo a Eutico que no se durmiera.
4. Todas las respuestas son correctas.

Hechos 20:17–24, 32–38; 21:17–19

La Asombrosa Carrera de Pablo

"Pero de ninguna cosa hago caso, ni estimo preciosa mi vida para mí mismo, con tal que acabe mi carrera con gozo, y el ministerio que recibí del Señor Jesús, para dar testimonio del evangelio de la gracia de Dios" (Hechos 20:24).

Verdad Bíblica
Dios nos confía la tarea de proclamar el evangelio.

Sugerencias para la Enseñanza
• Recuerde que algunos niños han enfrentado pérdida y tristeza en sus vidas. Sea sensible a los sentimientos de sus alumnos al hablar de cómo se sintieron los seguidores de Pablo cuando él se fue.
• El Jacobo mencionado en 21:18 es el hermano de Jesús. Él llegó a ser creyente después de la muerte de Jesús y fue testigo de la resurrección. Fue líder de la iglesia en Jerusalén. Muchos piensan que probablemente él escribió el libro de Santiago.

COMENTARIO BÍBLICO

Pablo fue fiel al evangelio aunque le costó mucho. Soportó muchos sufrimientos a fin de proclamar la verdad de Jesús. Dondequiera que iba, Pablo esperaba sufrir a causa del mensaje.

En sus últimas exhortaciones a la iglesia en Éfeso, Pablo les recordó su ejemplo. Él trabajó arduamente para suplir sus propias necesidades. Exhortó, asimismo, a los efesios a trabajar arduamente, ayudar a los débiles y proclamar el evangelio. Les recordó que no debían buscar recompensas monetarias, sino reconocer el valor de sus relaciones. Lea Mateo 5:1-12 para ver cómo los cristianos experimentan bendiciones de Dios.

Una de las características que define a los cristianos es su servicio a los marginados en la sociedad. Los relatos de Hechos muestran cómo los creyentes compartían sus vidas unos con otros, incluyendo sus recursos. Esta es la misión que Pablo enfatizó a los efesios.

Pablo describió sus pruebas como recordatorio de que, los que siguen a Jesús, tal vez enfrenten gran sufrimiento. El Espíritu Santo es quien capacita al seguidor para soportar y perseverar.

El informe de Pablo ayudó también a reconciliar su difícil relación con los líderes de la iglesia en Jerusalén. Su ministerio a los gentiles no contaminaba la fe. Al contrario, extender el mensaje a los gentiles demostró la enorme gracia y misericordia de Jesús. Las buenas nuevas de Jesús eran que Dios continuamente busca atraer a toda la humanidad a sí mismo. Nosotros participamos en la misión de Dios cuando hablamos de Jesús con otros.

PALABRAS RELACIONADAS CON NUESTRA FE

gracia – Todo lo que Dios hace por nosotros, incluyendo su amor, misericordia, perdón y el poder que obra en nuestras vidas. Dios libremente nos da de su gracia porque nos ama, no porque lo merezcamos.

exhortación – Un mensaje breve que comunica un consejo o recomendaciones urgentes. Hechos incluye varias exhortaciones de Pablo a las iglesias que él visitaba.

LECCIÓN BÍBLICA

Prepare la historia bíblica basada en el pasaje bíblico de la lección.

En las páginas 115-148 se ha impreso una versión de fácil lectura de esta lección.

Los niños entenderán mejor la lección si les relata la historia en vez de leérsela.

Después de la historia, pida a los niños que respondan las siguientes preguntas. No hay respuestas correctas o erradas. Estas preguntas ayudan a los niños a entender la historia y aplicarla a sus vidas.

1. **¿Por qué piensan que Pablo hizo llamar a los ancianos de la iglesia de Éfeso?**

2. **¿Qué dijo Pablo acerca de codiciar plata, oro y ropa fina? ¿Qué consideraba Pablo como más valioso que estas cosas?**

3. **¿Qué piensan que esperaba Pablo cuando les dijo que se iba a Jerusalén?**

4. **¿Por qué lloraron los ancianos cuando se despidieron de Pablo? ¿Alguna vez ustedes tuvieron que despedirse de un amigo o amiga a quien quizás ya no puedan ver de nuevo? ¿Cómo se sintieron?**

Diga: **Pablo y los ancianos se entristecieron al darse cuenta de que no se verían otra vez. Antes de partir, se arrodillaron y oraron. Sabían que Dios escucharía y respondería sus oraciones cuando acudieran a Él pidiendo consuelo. Cuando estamos tristes, siempre es apropiado orar. Dios está cerca de nosotros en los momentos tristes así como en los momentos alegres.**

ACTIVIDAD

Para esta actividad necesitará lo siguiente:

- Un pedazo de papel para cada niño
- Un lápiz para cada niño

Antes de la clase, elija una actividad que usted realiza con regularidad (por ejemplo: alistarse para ir al trabajo, comprar alimentos, planear actividades o ayudar a los hijos con sus tareas). Haga una lista de los pasos que sigue para realizar esa actividad.

Diga a la clase: **Esta es una actividad que hago con regularidad. Estos son los pasos que sigo para realizar esa actividad.** Lea su lista. Distribuya los papeles y lápices. Pida a los niños que piensen en una actividad que realizan cada día. Luego deben hacer una lista de los pasos para realizar su actividad. Permita que algunos voluntarios lean sus listas. Pregunte a cada voluntario:

Si no cumples alguno de los pasos, ¿completarías la actividad? Dé tiempo para que los niños hablen de la pregunta.

Lea Hechos 20:24. Diga: **Pablo estaba decidido a completar la actividad o ministerio que Dios le dio.**

Pida a un voluntario que lea Hechos 13:46-47. Diga: **En estos versículos, Pablo dijo a los judíos que ellos rechazaron el mensaje que les dio acerca de Jesús. Por eso, Dios envió a Pablo a los gentiles, para que les predicara a ellos el evangelio. Pablo dio informe a los líderes de Éfeso y Jerusalén. Les dijo que él deseaba completar el ministerio que Dios le dio. Pablo viajó a muchas ciudades. Predicaba el evangelio y seguía la dirección del Espíritu Santo.**

Dedique tiempo para orar con los niños. Pida a Dios que les ayude a cumplir lo que Él quiera que ellos hagan.

VERSÍCULO PARA MEMORIZAR

Enseñe el versículo para memorizar de la lección. Encontrará sugerencias de Actividades para Enseñar el Versículo para Memorizar en las páginas 113-114.

ACTIVIDADES ADICIONALES

Elija una de las siguientes opciones para que los niños mejoren su estudio de la Biblia.

1. Pida que un voluntario lea Hechos 20:32-35. Diga: **En estos versículos, Pablo dijo que trabajó mucho para suplir sus propias necesidades y las de otros. Les recordó a los cristianos que ayudaran a los necesitados.**

   Dialoguen sobre proyectos de servicio que su clase podría hacer por personas necesitadas en su iglesia o comunidad (por ejemplo: reunir alimentos o ropa para una familia en necesidad, limpiar el jardín de una persona anciana, hacer un mandado o recado para una persona discapacitada, proveer a alguien el medio para que llegue a la iglesia, o leerle a alguien que tiene dificultad para ver). Anime a todos los niños a participar en un proyecto (con la clase o en forma individual).

2. Diga: **Cuando ustedes van a la escuela, reciben un informe de sus calificaciones. Esas notas muestran qué tan bien hicieron su trabajo. Pablo dio un informe a los líderes en Éfeso y Jerusalén. Les dijo todo lo que había logrado en sus viajes.**

   Pida a voluntarios que lean los siguientes versículos, y escriba en la pizarra lo que Pablo informó: Hechos 20:19-21; 20:24; 20:31; 20:34; y 20:35. Después, pida a los alumnos que decidan qué calificación le dan a Pablo por cada una de sus declaraciones.

PREGUNTAS PARA LA COMPETENCIA BÁSICA

A fin de preparar a los niños para la competencia, léales Hechos 20:17-24, 32-38; 21:17-19.

1 ¿Cómo enseñó Pablo en Éfeso? (20:20)
1. Públicamente
2. Por las casas
3. Ambas respuestas son correctas.

2 ¿Qué testificó Pablo a judíos y a gentiles? (20:21)
1. Del arrepentimiento para con Dios
2. De la fe en nuestro Señor Jesucristo
3. Ambas respuestas son correctas.

3 ¿Quién ligó u obligó a Pablo a ir a Jerusalén? (20:22)
1. El Espíritu
2. Un ángel
3. Bernabé

4 ¿Qué dijo Pablo en cuanto a su vida? (20:24)
1. "Es lo más precioso para mí..."
2. "Ni estimo preciosa mi vida..."
3. "Estimo mi vida sólo un poco..."

5 ¿De qué daba testimonio el Espíritu Santo a Pablo en todas las ciudades? (20:23)
1. Que le esperaban prisiones
2. Que le esperaban tribulaciones
3. Ambas respuestas son correctas.

6 ¿Qué fue lo que Pablo no codició? (20:33)
1. Ni plata ni oro
2. Ni vestido de nadie
3. Ambas respuestas son correctas.

7 Según las palabras del Señor Jesús, "Más bienaventurado es dar que..." (20:35)
1. "... tomar algo de otros".
2. "... recibir".
3. "... tener demasiado".

8 ¿De qué se dolieron en gran manera los ancianos en Éfeso? (20:38)
1. De que Pablo les dijo que no verían más su rostro
2. De que Pablo regresaría pronto
3. De que ellos no podían ir con Pablo

9 ¿Qué hicieron los hermanos cuando Pablo y sus compañeros llegaron a Jerusalén? (21:17)
1. Los recibieron con gozo.
2. Los arrestaron.
3. Les dieron atención médica.

10 ¿Qué les contó Pablo a Jacobo y a los ancianos cuando llegaron a Jerusalén? (21:19)
1. Los problemas que causaron los judíos
2. Las cosas que Dios había hecho entre los gentiles
3. Ambas respuestas son correctas.

PREGUNTAS PARA LA COMPETENCIA AVANZADA

A fin de preparar a los niños para la competencia, léales Hechos 20:17-24, 32-38; 21:17-19.

1 ¿Cómo sirvió Pablo al Señor mientras vivió en Éfeso? (20:17-19)
1. Con temor y temblor
2. **Con toda humildad y con muchas lágrimas**
3. Con confianza y fortaleza
4. Con incertidumbre e inseguridad

2 ¿Cómo enseñó Pablo en Éfeso? (20:20)
1. En forma indecisa
2. **Públicamente y por las casas**
3. Parado sobre una plataforma
4. Sólo a un pequeño grupo de creyentes

3 ¿De qué testificó Pablo a judíos y gentiles en Éfeso? (20:21)
1. Que los dioses de Éfeso eran falsos
2. De todo lo que él sabía
3. **Del arrepentimiendo para con Dios y de la fe en nuestro Señor Jesucristo**
4. Sólo lo que ellos podían comprender

4 ¿Dónde dio testimonio el Espíritu Santo a Pablo de que le esperaban prisiones y tribulaciones? (20:23)
1. En Jerusalén
2. En Asia
3. **En todas las ciudades**
4. En las sinagogas judías

5 ¿A quién encomendó Pablo a los ancianos de la iglesia? (20:32)
1. Unos a otros
2. **A Dios y a la palabra de su gracia**
3. A la dirección de Silas y Timoteo
4. A la gente de Éfeso

6 ¿Las manos de quién sirvieron para suplir las necesidades de Pablo? (20:34)
1. Las manos de sus compañeros
2. Las manos de los discípulos
3. Las manos de los gentiles
4. **Sus propias manos**

7 ¿Qué sucedió después que Pablo terminó de hablar a los ancianos efesios? (20:36-37)
1. Pablo se puso de rodillas y oró.
2. Hubo gran llanto de todos.
3. Echándose al cuello de Pablo, le besaban.
4. **Todas las respuestas son correctas.**

8 ¿Quiénes recibieron con gozo a Pablo y a los otros cuando llegaron a Jerusalén? (21:17)
1. **Los hermanos**
2. Nadie
3. Todos los que ellos vieron
4. Sólo los doce apóstoles

9 ¿Qué les contó Pablo, una por una, cuando llegaron a Jerusalén? (21:19)
1. De las personas de Éfeso que no creyeron
2. De los disturbios que él había visto
3. **De las cosas que Dios había hecho entre los gentiles por el ministerio de Pablo**
4. Todas las respuestas son correctas.

10 Completen este versículo: "Pero de ninguna cosa hago caso, ni estimo preciosa mi vida para mí mismo, con tal que acabe mi carrera con gozo, y el ministerio que recibí del Señor Jesús…" (Hechos 20:24).
1. "… y gane la medalla de oro".
2. **"… para dar testimonio del evangelio de la gracia de Dios".**
3. "… aunque la tarea sea muy difícil".
4. "… y viva toda la eternidad en el cielo".

Versículo para Memorizar

"Ahora pues, ve, y yo estaré con tu boca, y te enseñaré lo que hayas de hablar" (Éxodo 4:12).

LECCIÓN DIECISÉIS

Hechos 21:27—22:3, 17—29
Esta es mi Historia

Verdad Bíblica

Cuando Dios nos pida hablar por Él, nos enseñará qué decir.

Sugerencia para la Enseñanza

•Los versículos 4-16 no se incluyen en el pasaje seleccionado para esta lección. Es un resumen de la experiencia de salvación de Pablo en el camino a Damasco. Dedique un momento para recordarles esta historia a sus alumnos.

COMENTARIO BÍBLICO

El tribuno romano se apresuró a detener el alboroto. Ordenó a sus soldados que detuvieran a Pablo y lo sujetaran con dos cadenas. Hizo eso para protegerlo. Era la tercera vez que las autoridades ayudaban a Pablo; vemos la primera en 18:12-17 y la segunda en 19:23-41. Estas ocasiones ayudaron a preservar y propagar el evangelio.

Pablo pidió permiso al tribuno para hablar a la gente. Con su consentimiento, Pablo se dirigió a la multitud para explicar sus acciones.

Pablo los llamó "hermanos y padres" en su propio idioma hebreo. Escuchar ese idioma familiar hizo que pusieran atención. Pablo dio testimonio de su familia, su tradición y su herencia cultural. Se identificó como judío. Demostró que era un orador creíble por su conocimiento de las leyes y costumbres judías.

Claramente él no rechazó la preocupación de la gente como algo insignificante. Procuró establecer una conexión con ellos basada en su idioma materno, su educación común y el hecho de que, al igual que ellos, él era un zelote religioso. Pablo entendía el celo que mostraban porque él también había perseguido a los cristianos antes de convertirse. La distinción que indicó a la multitud fue que ellos eran celosos de la ley, pero ahora él era celoso de Dios. Pablo intentó explicarles que cuando se hizo seguidor de Cristo, él no abandonó el judaísmo.

Su nueva fe lo llevó a seguir al Dios del judaísmo como Aquel que también desea alcanzar a los gentiles. Una vez más Pablo defiende sus acciones. No fue su idea extender la gracia de Dios a los gentiles, sino de Dios mismo. Esta explicación no apaciguó a la multitud. Al contrario, se perturbaron cuando Pablo dijo que esa había sido la iniciativa de Dios.

La multitud quería matar a Pablo, así que trataron de probar que él había cometido el pecado de blasfemia: hablar de Dios de manera inapropiada. Según su forma de pensar, era imposible considerar que el favor de Dios hacia Israel no fuera exclusivo. La predicación y los actos de Pablo, si en verdad eran de Dios, destruirían el concepto que tenían acerca de Dios y de su relación con Él. Estaban enojados con Pablo, pero si éste decía la verdad, más bien debían enojarse con Dios. Era una situación que no podían aceptar. La única otra opción era reconocer que Dios acepta a los gentiles y someterse a su voluntad.

El tribuno ordenó a los soldados que azotasen a Pablo. Pero, cuando éste se identificó como ciudadano romano, el tribuno se sorprendió y detuvo el castigo. Era ilegal azotar a un ciudadano romano que no hubiese sido declarado culpable. Según la ley romana, todos los ciudadanos romanos estaban excluidos de todo tipo de castigo humillante, como los azotes o la crucifixión.

Pablo nos muestra que testificar no es complicado. Contamos la historia de cómo éramos antes que Dios nos salvara. Después, podemos hablar sobre la diferencia que Dios hizo en nuestra vida. Dios le dio a Pablo la valentía para contar su historia de salvación. Aunque la multitud rechazó el mensaje de Pablo, Dios le dio valor para hablar y le enseñó qué decir. Dios hará lo mismo por nosotros cuando contemos nuestra historia a otros.

PALABRAS RELACIONADAS CON NUESTRA FE

azotar – Golpear severamente con un azote. El azote es un látigo de cuero con metales atados en los extremos.

zelote – Miembro de un grupo patriótico de los judíos en Judea durante el tiempo de la iglesia primitiva. Deseaban derrocar al gobierno de Roma. Se oponían enérgica y violentamente al gobierno romano.

testificar – Hablar acerca de algo. La gente que cree en Jesús habla a otros acerca de Él, que es el Hijo de Dios y desea ser nuestro Salvador. Dar testimonio es cuando los cristianos hablan de su experiencia con Dios.

ACTIVIDAD

Para esta actividad necesitará lo siguiente:
- Papel para cada niño
- Lápiz para cada niño
- Pizarra y tiza o pizarra blanca y marcadores

Antes de la clase, escriba su biografía en forma breve. Incluya dónde nació, datos de su familia, lugares donde vivió, estudió y trabajó. Si tiene una fotografía de su niñez, llévela para mostrarla a la clase. Escriba de su experiencia en relación con la iglesia: a qué edad empezó a asistir, su conversión y los momentos más importantes en su vida espiritual.

Escriba en la pizarra estos temas: nacimiento, lugares donde vivió, familia, estudios, trabajo, pasatiempos, iglesia. En la clase, diga: **Una biografía es la historia de la vida de alguien. Una biografía incluye la información que ven en la pizarra y tal vez algunos otros temas más. Esta es una breve biografía acerca de mí.** Lea su biografía.

Si hay tiempo, pida a los niños que escriban su información acerca de cada uno de los temas escritos en la pizarra. Si no tienen suficiente tiempo, pida que algunos voluntarios se pongan de pie y hablen brevemente de cada tema.

Diga: **En esta lección, vemos que Pablo tuvo la oportunidad de testificar a otros. Dio testimonio cuando contó la historia de su vida y la historia de su vida espiritual. Les relató cómo llegó a ser seguidor de Jesús. Ustedes también pueden testificar a otros cuando les hablan de su historia y de su amor a Jesús.**

LECCIÓN BÍBLICA

Prepare la historia bíblica basada en el pasaje bíblico de la lección.

En las páginas 115-148 se ha impreso una versión de fácil lectura de esta lección.

Los niños entenderán mejor la lección si les relata la historia en vez de leérsela.

Después de la historia, pida a los niños que respondan las siguientes preguntas. No hay respuestas correctas o erradas. Estas preguntas ayudan a los niños a entender la historia y aplicarla a sus vidas.

1. **Unos judíos de Asia dijeron mentiras acerca de Pablo y lo que él enseñaba. ¿Alguna vez les dijeron algo que ustedes sabían que era falso? ¿Qué hicieron? ¿Es correcto difundir mentiras? ¿Por qué sí o por qué no?**

2. **Cuando la multitud actuaba con violencia y gritaba: "¡Muera!", ¿cómo piensan que se sintió Pablo? ¿Creen que Dios estaba con Pablo en ese momento? Expliquen su respuesta.**

3. **En su opinión, ¿por qué Pablo quiso hablar a la multitud y contar su historia?**

4. **¿En qué era Pablo igual que los otros judíos en la historia? ¿En qué era diferente? ¿Por qué es importante esto?**

Diga: **¿Alguna vez se han sentido nerviosos para hablarle a alguien? ¿Y para hablar frente a un grupo? Esto nos pone nerviosos porque sentimos que no sabemos qué decir o qué hacer. A veces esto sucede cuando queremos hablar a otros acerca del evangelio. No sabemos cómo decírselo a la gente o qué debemos hacer. Pero Dios nos enseñará. Si Dios les pide que hablen a alguien acerca de Él, les mostrará qué hacer y qué decirle. Dios simplemente quiere que estemos dispuestos a hablar a la gente acerca del evangelio. Él se encargará de todos los demás detalles. Lo único que nos toca es estar dispuestos a hacer lo que Él nos pida.**

VERSÍCULO PARA MEMORIZAR

Enseñe el versículo para memorizar de la lección. Encontrará sugerencias de Actividades para Enseñar el Versículo para Memorizar en las páginas 113-114.

ACTIVIDADES ADICIONALES

Elija una de las siguientes opciones para que los niños mejoren su estudio de la Biblia.

1. Necesitará una piedra pequeña, o un saquito de tela relleno con algo liviano. Prepare varias hojas de papel. Escriba una de estas palabras en cada papel: familiar, amigo/amiga, y vecino/vecina. Doble los papeles por la mitad y colóquelos en el piso por todo el salón.

   Llame a un voluntario. Entréguele el saquito y pídale que lo lance sobre uno de los papeles. Si cae sobre un papel, debe recogerlo y leer la palabra. Pídale que mencione a alguien en esa categoría a quien puede hablarle de Jesús. Continúe hasta que cada alumno haya participado o hasta que termine el tiempo de clase.

   Diga: **Pablo constantemente hablaba a la gente acerca de Jesús. Dondequiera que iba, a cualquiera que veía le hablaba de su historia y su amor por Jesús. Ustedes también pueden hacerlo.**

2. Diga: **Pablo pidió al tribuno que le permitiera hablar a la multitud enojada en Jerusalén.** Pida a los niños que hablen de por qué Pablo quiso que la multitud oyera su lado de la historia. ¿Necesitaba declarar su inocencia? Haga preguntas como estas: ¿Necesitaba él proteger su reputación? ¿Cómo calmó a la multitud? ¿Fue esta otra oportunidad para decirle a una numerosa multitud la historia de su conversión y llamamiento?

PREGUNTAS PARA LA COMPETENCIA BÁSICA

A fin de preparar a los niños para la competencia, léales Hechos 21:27–22:3, 17-29.

1 ¿A quién pensaron los judíos que Pablo había metido en el templo? (21:29)
1. A Pedro
2. A Cornelio
3. **A Trófimo**

2 ¿Qué sucedió inmediatamente después que los judíos arrastraron a Pablo fuera del templo? (21:30)
1. Mataron a Pablo.
2. Pablo recobró las fuerzas.
3. **Cerraron las puertas.**

3 En Jerusalén, ¿qué hizo la gente alborotada cuando vieron al tribuno y sus soldados? (21:32)
1. Se dispersaron.
2. **Dejaron de golpear a Pablo.**
3. Ambas respuestas son correctas.

4 En Jerusalén, ¿quién arrestó a Pablo y mandó que lo ataran con dos cadenas? (21:33)
1. **El tribuno**
2. La gente alborotada
3. Los oficiales de Jerusalén

5 ¿Por qué los soldados cargaron a Pablo por las gradas para ir a la fortaleza? (21:35)
1. Porque Pablo no podía caminar
2. Porque Jacobo trató de impedir que Pablo se fuera
3. **A causa de la violencia de la multitud**

6 ¿En cuál idioma habló Pablo a la multitud en Jerusalén? (21:40)
1. **Hebreo**
2. Griego
3. Latín

7 ¿Qué hizo la multitud cuando oyó que Pablo les hablaba en hebreo? (22:2)
1. Se alborotaron.
2. **Guardaron más silencio.**
3. Inmediatamente creyeron en Jesucristo.

8 ¿A dónde dijo el Señor que enviaría a Pablo? (22:21)
1. A la gente de Jerusalén
2. A un lugar desconocido
3. **Lejos a los gentiles**

9 ¿Qué dijo Pablo cuando el tribuno le preguntó si era ciudadano romano? (22:27-28)
1. **"Sí... yo lo soy de nacimiento".**
2. "No, yo sólo bromeaba".
3. "Yo soy ciudadano del reino de Dios".

10 Completen este versículo: "Ahora pues, ve, y yo estaré con tu boca, y…" (Éxodo 4:12)
1. "… te protegeré de todo mal".
2. "… te recompensaré grandemente".
3. **"… te enseñaré lo que hayas de hablar".**

PREGUNTAS PARA LA COMPETENCIA AVANZADA

A fin de preparar a los niños para la competencia, léales Hechos Hechos 21:27–22:3, 17-29.

1 ¿Qué sucedió mientras toda la ciudad trataba de matar a Pablo? (21:31)
1. Los griegos tomaron control del templo.
2. **Se le avisó al tribuno de la compañía.**
3. Pablo fue llevado al cielo.
4. Todos los judíos fueron capturados.

2 ¿Qué mandó el tribuno? (21:33)
1. **Mandó que atasen a Pablo con dos cadenas.**
2. Mandó a sus soldados que ejecutasen a Pablo.
3. Mandó que Pablo recibiese un juicio justo.
4. Mandó a sus soldados que se defendiesen.

3 ¿Por qué el tribuno ordenó que llevasen a Pablo a la fortaleza? (21:34)
1. Porque Pablo estaba rebelde
2. Porque la multitud lo amaba y quería que se quedara en su ciudad
3. **Porque él no podía entender nada a causa del alboroto**
4. Todas las respuestas son correctas.

4 ¿Quién pensó el tribuno que era Pablo? (21:38)
1. Un falso profeta
2. Un preso que había escapado
3. Una persona muy peligrosa
4. **Un egipcio que levantó una sedición**

5 ¿Qué sucedió cuando la multitud oyó que Pablo les hablaba en hebreo? (22:2)
1. **Guardaron más silencio.**
2. Se llenaron de ira.
3. El Espíritu Santo descendió sobre todos ellos.
4. El tribuno impidió que siguiera hablando.

6 ¿Qué le sucedió a Pablo cuando estaba orando en el templo en Jerusalén? (22:17-21)
1. A Pablo le sobrevino un éxtasis.
2. El Señor le dijo a Pablo que saliera de Jerusalén porque la gente no recibiría su testimonio acerca de Él.
3. El Señor dijo que enviaría a Pablo a los gentiles.
4. **Todas las respuestas son correctas.**

7 ¿Qué hizo Pablo cuando se derramaba la sangre de Esteban? (22:20)
1. Intentó detener a quienes lo estaban matando.
2. Se dio vuelta para no ver lo que pasaba.
3. **Estaba presente y consentía en su muerte.**
4. No hizo nada.

8 ¿Qué preguntó Pablo si les era lícito hacer? (22:25)
1. **Azotar a un ciudadano romano sin haber sido condenado**
2. Arrestar a alguien sin tener pruebas de su delito
3. Matarlo sin haber notificado a su familia
4. Azotar a alguien sin un juicio justo

9 ¿Qué respondió Pablo cuando el tribuno le preguntó: "¿Eres tú ciudadano romano?" (Hechos 22:27)
1. "No, no lo soy".
2. "Nací como ciudadano romano, pero ya no lo soy".
3. **"Sí".**
4. "No te lo diré".

10 En Jerusalén, ¿por qué el tribuno tuvo temor? (22:29)
1. Porque Pablo se enfermó en la cárcel
2. Porque Pablo escapó de la cárcel
3. Porque no sabía qué hacer con Pablo
4. **Porque había atado a un ciudadano romano**

LECCIÓN DIECISIETE
Hechos 22:30–23:24, 31–35

Un Juramento de Muerte

COMENTARIO BÍBLICO

Una vez más, Pablo está en problemas y Dios lo salva.

El tribuno en Jerusalén reunió al concilio para determinar por qué los judíos se oponían a la predicación de Pablo. Éste aclaró que obedecía a Dios al predicar sobre la resurrección de los muertos. Airado, el sumo sacerdote ordenó que los que estaban junto a Pablo lo golpearan. Esto le dio a Pablo la oportunidad de mostrar su conocimiento de la ley. Después reveló su posición como fariseo y su creencia en la resurrección.

Los fariseos y saduceos eran rivales políticos y religiosos. Los saduceos no creían en la resurrección, los ángeles y los espíritus, pero los fariseos creían en ellos. Ambos grupos deseaban ganar la atención del pueblo judío. A menudo les preocupaba más su posición y tener la razón en vez de la aprobación de Dios. Esto benefició a Pablo, ya que la discusión violenta hizo que el tribuno llevase a Pablo para que estuviese seguro en la fortaleza.

A la noche siguiente, el Señor visitó a Pablo y le dijo que tuviera ánimo. Pablo iría a Roma, la capital del imperio, para testificar de Jesús. Pablo recibió ánimo y se le recordó que Dios es soberano, aun durante las circunstancias caóticas.

En Jerusalén la vida de Pablo estaba en peligro. Su sobrino reveló un complot a las autoridades romanas. Algunos judíos planeaban matar a Pablo. El tribuno escuchó al sobrino de Pablo y, como creía que éste era inocente, tomó medidas para protegerlo. A Pablo le salvaron la vida y pudo continuar propagando el evangelio.

PALABRAS RELACIONADAS CON NUESTRA FE

soberano – Ser soberano significa tener el poder para gobernar sin límites. Dios es soberano. Su poder para gobernar no está limitado en forma alguna, excepto cuando Él se limita a sí mismo.

ACTIVIDAD

Para esta actividad necesitará lo siguiente:
- Pedazos de papel
- Lapicero o bolígrafo
- Pizarra y tiza o pizarra blanca y marcador

Antes de la clase, escriba por separado cada parte de los siguientes pares en pedazos de papel:

Jonás | un gran pez

los israelitas | el mar Rojo

los tres varones judíos | el horno de fuego

David | Goliat

Elías | los profetas de Baal en el monte Carmelo

José | la cárcel

Si los niños no conocen estas historias, elija otras que hablen de personas fieles en situaciones difíciles.

Escriba en la pizarra el versículo para memorizar (2 Corintios 1:10*c*).

En la clase, diga: **La Biblia nos habla de muchas personas a las que Dios rescató de situaciones difíciles.** Distribuya los papeles con nombres de personas y situaciones difíciles. Pida a los niños que encuentren a quien tenga el papel que forma par con el que ellos tienen. Cuando hayan encontrado a la pareja correcta, pida que los dos lean juntos las palabras de 2 Corintios 1:10*c*. Cuando todos los pares se hayan formado, pida a la clase que lean juntos 2 Corintios 1:10*c*.

Diga: **Dios aún nos cuida hoy. Él nos ayuda cuando pasamos por situaciones difíciles. Podemos orar y pedir su ayuda.** Pregunte a los niños si saben de alguien que esté pasando por una situación difícil. Tal vez uno de ellos o una de las familias esté enfrentando enfermedad o una tragedia. Dedique tiempo para orar por esas situaciones.

LECCIÓN BÍBLICA

Prepare la historia bíblica basada en el pasaje bíblico de la lección.

En las páginas 115-148 se ha impreso una versión de fácil lectura de esta lección.

Los niños entenderán mejor la lección si les relata la historia en vez de leérsela.

Después de la historia, pida a los niños que respondan las siguientes preguntas. No hay respuestas correctas o erradas. Estas preguntas ayudan a los niños a entender la historia y aplicarla a sus vidas.

1. **¿Cómo piensan que se sintió Pablo al estar ante el concilio? ¿Cómo reaccionó cuando el sumo sacerdote ordenó a los que estaban junto a él que lo golpeasen?**
2. **El Señor animó a Pablo a que confiara en Él. ¿Cómo pueden ustedes confiar en Dios aunque parezca que**

todo va mal?

3. En su opinión, ¿por qué los judíos estaban tan enojados con Pablo que hicieron un juramento para matarlo?

4. ¿Cómo se hubieran sentido si fueran el sobrino de Pablo y escucharan el plan para matarlo? ¿Qué hubieran hecho?

5. ¿Hay alguna ocasión cuando deben contarle a alguien lo que vieron o escucharon como lo hizo el sobrino de Pablo?

Diga: **El sobrino de Pablo llegó a escuchar un plan terrible que unos judíos habían preparado para matar a Pablo. Este sobrino estuvo en el lugar correcto en el momento correcto. Entonces corrió para contarle a Pablo lo que había oído, y él le indicó a quién más debía decirlo. El tribuno romano se aseguró de que llevasen a Pablo a Cesarea para que estuviese a salvo. Dios cuidó de Pablo y lo libró en un tiempo de necesidad. Dios hace lo mismo por nosotros.**

VERSÍCULO PARA MEMORIZAR

Enseñe el versículo para memorizar de la lección. Encontrará sugerencias de Actividades para Enseñar el Versículo para Memorizar en las páginas 113-114.

ACTIVIDADES ADICIONALES

Elija una de las siguientes opciones para que los niños mejoren su estudio de la Biblia.

1. Diga: **El sobrino de Pablo le salvó la vida al contarle al tribuno acerca del complot malvado. Fue importante que el sobrino dijera lo que había oído. A veces los niños acusan a su hermano o hermana, o a otro niño, para causarle problemas. A menudo es algo insignificante, pero hará que un adulto castigue al otro niño.** Dirija a los niños a dialogar sobre cuándo es importante que le cuenten a un adulto lo que han visto u oído. Escriba esas ideas en la pizarra. Por ejemplo: si un niño se lastima o lastima a otros; si amenaza a otro niño o a otra persona; si habla de quitarse la vida; si roba algo; si está involucrado en el uso de drogas o alcohol.

Diga: **Fue importante que el sobrino de Pablo contara lo que oyó. Él le salvó la vida a su tío.**

2. Hable de distintas experiencias que atemorizan a los niños. Por ejemplo: perderse; estar solo durante una tormenta; un desastre natural; enfermarse y tener una fiebre alta; la muerte de un familiar; discusiones entre miembros de la familia. Provea materiales para que los niños ilustren experiencias que los asustarían. Pida que algunos voluntarios digan qué dibujaron. Cierre la clase con oración. Pida a los niños que levanten sus papeles y que le digan a Dios que confían en que Él ayuda a los niños en esas situaciones. Repita 2 Corintios 1:10c con los niños.

PREGUNTAS PARA LA COMPETENCIA BÁSICA

A fin de preparar a los niños para la competencia, léales Hechos 22:30–23:24, 31-35.

1 ¿Qué ordenó el sumo sacerdote Ananías a los que estaban junto a Pablo? (23:2)
1. Que azotaran a Pablo en la espalda
2. **Que golpeasen a Pablo en la boca**
3. Que mataran a Pablo

2 ¿Qué dijo Pablo después que insultó al sumo sacerdote? (23:4-5)
1. "No sabía que era el sumo sacerdote".
2. "Pues escrito está: No maldecirás a un príncipe de tu pueblo".
3. **Ambas respuestas son correctas.**

3 ¿Qué sucedió después que Pablo dijo que se le juzgaba acerca de la esperanza y la resurrección de los muertos? (23:6-7)
1. Dejaron en libertad a Pablo.
2. **Hubo disensión entre los fariseos y los saduceos.**
3. Pablo fue sentenciado a pasar el resto de su vida en la cárcel.

4 ¿Qué temió el tribuno que le harían a Pablo por la gran disensión en el concilio? (23:10)
1. **Temió que Pablo fuese despedazado por ellos.**
2. Temió que Pablo se escapara entre la multitud.
3. Ambas respuestas son correctas.

5 Mientras Pablo estaba en Jerusalén, ¿quién se le presentó y lo animó? (23:11)
1. El tribuno
2. Los discípulos
3. **El Señor**

6 ¿Quiénes tramaron un complot y juramentaron no comer ni beber hasta que hubiesen matado a Pablo? (23:12)
1. Los discípulos
2. **Unos judíos en Jerusalén**
3. Ambas respuestas son correctas.

7 ¿Cuándo planeaban los judíos matar a Pablo en Jerusalén? (23:15)
1. Cuando fuera llevado a la cárcel
2. **Cuando estuviera de camino al concilio**
3. Cuando Pablo estuviese en un barco hacia Roma

8 ¿Quién oyó hablar de la celada para matar a Pablo? (23:16)
1. La hermana de Pablo
2. El cuñado de Pablo
3. **El hijo de la hermana de Pablo**

9 ¿Por qué el tribuno ordenó preparar 200 soldados, 70 jinetes y 200 lanceros para que fuesen a Cesarea? (23:23-24)
1. Para que peleasen contra los judíos
2. **Para que llevasen en salvo a Pablo con Félix el gobernador**
3. Para que ayudaran a los judíos a matar a Pablo

10 ¿Dónde debían custodiar a Pablo en Cesarea? (23:35)
1. En la cárcel
2. **En el pretorio de Herodes**
3. Ambas respuestas son correctas.

PREGUNTAS PARA LA COMPETENCIA AVANZADA

A fin de preparar a los niños para la competencia, léales Hechos 22:30–23:24, 31-35.

1 Después de arrestar a Pablo, ¿qué hizo el tribuno al día siguiente? (22:30)
1. Quiso saber de cierto por qué los judíos acusaban a Pablo.
2. Soltó a Pablo.
3. Mandó venir a los principales sacerdotes y a todo el concilio.
4. **Todas las respuestas son correctas.**

2 ¿Cómo llamó Pablo al sumo sacerdote Ananías? (23:3)
1. Hombre malvado
2. **Pared blanqueada**
3. Hombre piadoso
4. Una persona llena de gracia

3 Según Pablo, ¿qué hizo el sumo sacerdote Ananías al mandar que lo golpeasen? (23:3)
1. Cometió un gran pecado
2. Hirió sus sentimientos
3. **Quebrantó la ley**
4. Todas las respuestas son correctas.

4 ¿Por qué se produjo disensión entre los fariseos y los saduceos? (23:7-8)
1. Los saduceos dicen que no hay resurrección.
2. Los saduceos dicen que no hay ángeles ni espíritus.
3. Los fariseos afirman que hay resurrección, ángeles y espíritus.
4. **Todas las respuestas son correctas.**

5 En una visión, mientras Pablo estaba en Jerusalén, ¿dónde dijo el Señor que Pablo debía testificar? (23:11)
1. **En Roma**
2. En Samaria
3. En Judea
4. En Asia

6 ¿En qué estaban involucrados más de cuarenta hombres? (23:12-13)
1. En un complot
2. En un juramento de no comer ni beber
3. En una conjuración para matar a Pablo
4. **Todas las respuestas son correctas.**

7 ¿Qué hizo el hijo de la hermana de Pablo cuando oyó acerca de la celada para matar a Pablo? (23:16)
1. La mantuvo en secreto.
2. Formó un ejército para pelear contra los judíos.
3. **Entró en la fortaleza y le avisó a Pablo.**
4. Oró pidiendo la protección de Dios.

8 Cuando el tribuno supo de la celada, ¿a quiénes mandó que fuesen a Cesarea a la hora tercera de la noche? (23:23)
1. 200 soldados
2. 70 jinetes
3. 200 lanceros
4. **Todas las respuestas son correctas.**

9 ¿Dónde debían custodiar a Pablo en Cesarea? (23:35)
1. En la casa del gobernador
2. En la cárcel
3. **En el pretorio de Herodes**
4. En las calles

10 Según 2 Corintios 1:10c, ¿qué dijo Pablo que Dios aún hará? (2 Corintios 1:10c)
1. Dios aún llamará a apóstoles para que le sirvan.
2. Dios nos servirá.
3. **Dios aún nos librará.**
4. Dios nos hallará cuando más lo necesitemos.

"Porque no podemos dejar de decir lo que hemos visto y oído" (Hechos 4:20).

Verdad Bíblica

Dios quiere que demos testimonio de su obra en nuestras vidas.

Sugerencia para la Enseñanza

• Los editores decidieron no incluir Hechos 24:1–25:22 en los pasajes para esta lección. Lo hicieron para conservar espacio, y porque muchos de los sucesos en estos capítulos se relatan en otros pasajes. Lea los pasajes y haga un resumen para sus alumnos. Es muy interesante leer el testimonio de Pablo y cómo refutó los cargos presentados contra él. Su ejemplo es digno de seguir. Era cordial, pero a la vez directo con sus acusadores. Un resumen de esta sección ayudará a los niños a comprender mejor todo el libro de Hechos.

LECCIÓN DIECIOCHO

Hechos 25:23–26:32
El Testimonio Viviente de Pablo

COMENTARIO BÍBLICO

Festo era el gobernador romano de Judea y administraba la ley romana. Ya que recién había sido asignado, Festo pidió la ayuda del rey Agripa y la reina Berenice, hermana de Agripa, para dar un informe más fidedigno acerca de Pablo a César. Festo esperaba liberarse de responsabilidad al apelar a Agripa.

El testimonio de Pablo al rey Agripa incluyó la declaración de Jesús (en el camino a Damasco): "Dura cosa te es dar coces contra el aguijón" (26:14). Los pastores usaban palos con puntas afiladas, llamadas aguijones, para dirigir al ganado en la dirección correcta. Por tanto, el dicho que Pablo citó hablaba de la resistencia inútil. El animal que se resistía sólo acababa lastimándose a sí mismo. Antes de su conversión, Pablo peleó contra Dios. Él reconoció que realmente fue en su detrimento resistirse a Dios. Él cambió su forma de pensar y comenzó a servir a Jesús en vez de perseguirlo.

Cuando Festo interrumpió el discurso de Pablo en 26:24, esto ayudó a enfatizar el último punto de Pablo: la resurrección de Jesús. La esperanza en la resurrección es lo que inspiraba a Pablo a predicar las buenas nuevas a los gentiles, lo cual trastornó la tradición judía establecida. Festo pensaba que la creencia de Pablo en la resurrección era una locura.

Agripa vio que el conflicto de Pablo con los judíos era religioso, ajeno a los asuntos legales de Roma. Pablo había apelado su caso al emperador romano. De lo contrario, Agripa y Festo hubieran podido liberarlo.

El viaje de Pablo estaba por terminar. Él comenzó en Jerusalén y propagó el evangelio por toda la provincia de Judea. En el camino, proclamó la historia del Jesús resucitado a reyes y emperadores. Con el tiempo llegó a predicar en Roma, el centro del mundo antiguo, y después hasta lo último de la tierra.

PALABRAS RELACIONADAS CON NUESTRA FE

Judea – Patria de los israelitas. Poco antes del tiempo de Jesús, los romanos la conquistaron y la hicieron parte de su imperio.

ACTIVIDAD

Para esta actividad necesitará lo siguiente:
- Pizarra y tiza o pizarra blanca y marcadores

Antes de la clase, escriba en la pizarra las palabras de Hechos 4:20. Escriba también esta oración: "Voy a Roma y llevaré _____".

En la clase, diga: **En la lección de hoy, Pablo le habló al rey Agripa. Agripa vio que Pablo no había violado las leyes romanas. Sin embargo, Pablo había apelado a César. Así que debía ir a Roma, la capital del imperio, para presentar su caso allí.**

Hagamos un viaje de juego. Piensen en algo que llevarían si planearan ir a una ciudad grande como Roma. Cada uno dirá: "Voy a Roma y llevaré _____". Digan lo que llevarán. Pero, deben escuchar atentamente y recordar lo que cada persona diga que llevará.

Cuando todos hayan tenido su turno, pida que un voluntario repita lo que todos dijeron. Por ejemplo, el voluntario podría decir: "Voy a Roma y llevaré _____. María va a Roma y llevará _____. Juan va a Roma y llevará _____".

Otra versión del juego presenta un mayor desafío. La primera persona dice: "Voy a Roma y llevaré _____". La segunda dice: "(nombre del primer niño) va a Roma y llevará _____. Voy a Roma y llevaré _____". El tercer niño repite los nombres y objetos de los primeros dos, y luego dice su nombre y su objeto. El último niño repite los nombres de todos y todos los objetos. Diga: **Dondequiera que vayan – sea a Roma o cualquier otro lugar - Dios va con ustedes. Dondequiera que vayan, Dios quiere que hablen a otros acerca de su amor y acerca de su Hijo, Jesús.**
Lean juntos Hechos 4:20.

LECCIÓN BÍBLICA

Prepare la historia bíblica basada en el pasaje bíblico de la lección.

En las páginas 115-148 se ha impreso una versión de fácil lectura de esta lección.

Los niños entenderán mejor la lección si les relata la historia en vez de leérsela.

Después de la historia, pida a los niños que respondan las siguientes preguntas. No hay respuestas correctas o erradas. Estas preguntas ayudan a los niños a entender la historia y aplicarla a sus vidas.

1. **¿Cómo creen que se sintió Pablo cuando oyó a Festo decirle al rey que necesitaba ayuda, porque no veía ninguna razón para acusar a Pablo de un crimen?**

2. ¿Cuál creen que fue la razón por la que Pablo quiso contarle su historia al rey Agripa?

3. Cuando Pablo le testificó al rey Agripa, habló del cambio que hubo en su vida después de su encuentro con Jesús. Si uno es cristiano, ¿qué diferencias hay ahora en su vida en comparación con lo que era antes de conocer a Cristo?

4. Pablo le explicó todo al rey Agripa acerca de lo que es llegar a ser creyente. Si tuvieran que decirle a alguien cómo puede ser cristiano, ¿qué le dirían?

Diga: **Pablo se paró ante el rey Agripa y le contó la historia de quién fue antes de conocer a Jesús y quién era después que Jesús cambió su vida. Podría haber resultado muy mal que Pablo dijera lo malo que era antes de ser cristiano. Pero Pablo sabía que lo importante de su historia era que Dios lo transformó. Él quería que todos lo oyeran para que ellos también pudieran ser transformados.**

VERSÍCULO PARA MEMORIZAR

Enseñe el versículo para memorizar de la lección. Encontrará sugerencias de Actividades para Enseñar el Versículo para Memorizar en las páginas 113-114.

ACTIVIDADES ADICIONALES

Elija una de las siguientes opciones para que los niños mejoren su estudio de la Biblia.

1. Diga: **Transformar algo es hacerlo**

distinto. **Dios transforma a una persona cuando llega a ser cristiana. Esta transformación no sucede en un instante. Ocurre a medida que la persona aprende de la Palabra de Dios, ora a Dios pidiendo su ayuda y escucha la guía del Espíritu Santo.**

En la pizarra o en un papel grande, haga dos columnas. En una, escriba una lista de actitudes y acciones de alguien que no es cristiano. En la segunda, escriba una lista de actitudes y acciones de un cristiano que está creciendo espiritualmente. Ayude a los niños a comprender la diferencia que Dios puede marcar en la vida de una persona. Diga: **Pablo contó cómo Dios transformó su vida. Al principio, él odiaba a los cristianos y los enviaba a la cárcel. Después él llegó a ser cristiano. Tuvo que cambiar muchas de sus actitudes y acciones. Tiempo después, escribió algunas cartas que son ahora libros de la Biblia. En esas cartas, él les dice a los cristianos cómo vivir conforme a la voluntad de Dios.**

2. Diga: **Las autoridades romanas declararon tres veces que Pablo era inocente de las acusaciones que la gente hizo contra él. Veamos cuáles fueron esas acusaciones y quiénes las presentaron.**

Divida la clase en tres equipos. Asigne a cada equipo uno de estos pasajes: Hechos 23:6-10; Hechos 25:25-27; Hechos 26:30-32. Pida a los equipos que informen quiénes presentaron las acusaciones, cuál fue la acusación y cuál fue el resultado.

PREGUNTAS PARA LA COMPETENCIA BÁSICA

A fin de preparar a los niños para la competencia, léales Hechos 25:23–26:32.

1 ¿Quiénes vinieron con mucha pompa y entraron en la audiencia? (25:23)
1. Agripa
2. Berenice
3. **Ambas respuestas son correctas.**

2 ¿Por qué Festo trajo a Pablo ante Agripa? (25:26)
1. Festo estaba enojado con Pablo y quería que otro lo castigara.
2. **Festo quería saber qué escribir acerca de Pablo en la carta a César.**
3. Festo quería que Agripa tuviese fe en Jesús.

3 ¿Por qué Pablo se tuvo por dichoso de estar delante del rey Agripa? (26:2-3)
1. Porque Agripa no era judío
2. **Porque Agripa conocía las costumbres entre los judíos**
3. Porque Agripa era rico y poderoso

4 ¿Qué le rogó Pablo al rey Agripa? (26:3)
1. Que lo dejara libre
2. Que castigara a los judíos
3. **Que lo oyera con paciencia**

5 ¿A quiénes dijo Pablo que había encerrado en cárceles en Jerusalén? (26:10)
1. A los que no pagaban impuestos
2. **A muchos de los santos**
3. Al gobernador de Jerusalén

6 ¿A dónde iba Pablo cuando lo rodeó una luz del cielo? (26:12-13)
1. A Jerusalén
2. A Emaús
3. **A Damasco**

7 ¿A quiénes anunciaría luz el Cristo? (26:23)
1. Al pueblo
2. A los gentiles
3. **Ambas respuestas son correctas.**

8 ¿Quién dijo que Pablo estaba loco? (26:24)
1. Agripa
2. **Festo**
3. Berenice

9 ¿Qué dijo Pablo de sí mismo durante su defensa ante Festo? (26:25)
1. "No estoy loco, excelentísimo Festo".
2. "Hablo palabras de verdad y de cordura".
3. **Ambas respuestas son correctas.**

10 ¿Qué sabía el rey Agripa? (26:25-26)
1. Todas las leyes de Moisés
2. **Las cosas que Pablo estaba diciendo**
3. Ambas respuestas son correctas.

PREGUNTAS PARA LA COMPETENCIA AVANZADA

A fin de preparar a los niños para la competencia, léales Hechos 25:23–26:32.

1 ¿Cómo entraron Agripa y Berenice en la audiencia? (25:23)
1. Entraron con mucha pompa.
2. Entraron con los tribunos.
3. Entraron con los principales hombres de la ciudad.
4. **Todas las respuestas son correctas.**

2 ¿Por qué Festo decidió enviar a Pablo a Roma? (25:25)
1. Porque Pablo merecía ser ejecutado
2. **Porque Pablo mismo apeló a Augusto**
3. Porque Félix le dijo que lo enviara allí
4. Porque Pablo ofendió a Festo

3 ¿Quién dio permiso a Pablo para hablar por sí mismo? (26:1)
1. Festo
2. El tribuno
3. **Agripa**
4. Todas las respuestas son correctas.

4 Según Pablo, ¿por qué fue llamado a juicio? (26:6)
1. Porque los judíos lo odiaban
2. **Por la esperanza de la promesa que hizo Dios a sus padres**
3. Porque él predicaba a los gentiles
4. Porque Festo no podía decidir qué hacer con Pablo

5 ¿Qué vio Pablo en el camino a Damasco? (26:13)
1. Un ángel del Señor
2. Nada
3. Un mendigo paralítico
4. **Una luz del cielo**

6 ¿Qué hizo Pablo antes de ver a Jesús en el camino a Damasco? (26:9-10)
1. **Hizo muchas cosas contra el nombre de Jesús.**
2. Apoyó a la iglesia en todo lo que hacían.
3. Trabajó como cobrador de impuestos.
4. Crió a sus hijos.

7 ¿Cuál mensaje anunció Pablo en Damasco, Jerusalén y toda Judea? (26:19-20)
1. Que se arrepintiesen
2. Que se convirtiesen a Dios
3. Que hiciesen obras dignas de arrepentimiento
4. **Todas las respuestas son correctas.**

8 Según Festo, ¿qué estaba volviendo loco a Pablo? (26:24)
1. **Las muchas letras**
2. Sus enseñanzas increíbles
3. Su sentencia a estar encerrado en la cárcel
4. Su fe firme

9 ¿Qué le dijo Agripa a Festo? (26:32)
1. **"Podía este hombre ser puesto en libertad, si no hubiera apelado a César".**
2. "Él no debía haber predicado a los gentiles".
3. "Él violó la ley y se le debe castigar".
4. "Ciertamente él es un ángel, no un hombre".

10 ¿Qué respondieron Pedro y Juan cuando les dijeron que no hablasen ni enseñasen en el nombre de Jesús? (Hechos 4:20)
1. **"No podemos dejar de decir lo que hemos visto y oído".**
2. "Ustedes no deberían juzgar a otros".
3. "¡No nos amenacen!"
4. Todas las respuestas son correctas.

"Mantengamos
firme, sin fluctuar, la
profesión de nuestra
esperanza, porque fiel
es el que prometió"
(Hebreos 10:23).

Verdad Bíblica

Dios quiere que
pongamos nuestra
esperanza en Él.

Sugerencia para
la Enseñanza

• Recuérdeles a
los niños que Dios es el
verdadero héroe en esta
historia. Dios envió a un
ángel con un mensaje
para Pablo, para
asegurarle de su cuidado
constante. Dios tiene
muchas maneras de
animar a los cristianos.

LECCIÓN DIECINUEVE

Hechos 27:1–2, 9–26, 33–44
Fe en Medio de la Tormenta

COMENTARIO BÍBLICO

La historia del viaje por mar de Pablo a Roma es similar a
muchas otras en la literatura griega. Es el resultado de obediencia y sumisión, lo contrario al viaje de Jonás en el Antiguo Testamento. La desobediencia de Jonás puso en peligro
la vida de todas las personas en el barco. La obediencia de
Pablo salvó la vida de sus compañeros.

La fuerza de la naturaleza, fuera del control de los marineros, causó daños a la nave. Debido a la tempestad, no
tenían la guía de las estrellas o el sol para navegar. Los dies-
tros marineros intentaron por lo menos cuatro métodos
para salvar la nave. Primero, recogieron el esquife. Segundo, usaron refuerzos para amarrar la nave. Después arriaron
las velas. Por último, arrojaron carga por la borda. A pesar
de eso, la tempestad continuó arremetiendo la nave. Los
marineros perdieron toda esperanza.

Pablo animó a sus compañeros contándoles el mensaje
del ángel, de que ninguno de ellos moriría. Mostró gran fe
cuando proclamó la profecía del ángel a la tripulación. Pablo animó a sus compañeros durante la furia de la tormenta. Es alentador saber que Dios puede darnos paz cuando
experimentamos caos en la vida.

PALABRAS RELACIONADAS CON
NUESTRA FE

ángel – Un mensajero sobrenatural de Dios.

ACTIVIDAD

Para esta actividad necesitará lo siguiente:

- Un adulto para que relate la historia del naufragio en forma dramatizada
- Cinta adhesiva de papel para crear en el suelo la silueta de un barco grande
- Algún tipo de botella para rociar agua a los niños durante la tempestad
- Un ventilador para crear algo de viento

Antes de la clase, use la cinta adhesiva para hacer en el piso la silueta de un barco grande. Hágalo lo suficientemente grande para que toda la clase se siente dentro de él. Pida a un adulto que relate la historia del naufragio en forma dramatizada. Pida a alguien que esté listo para encender el ventilador a fin de crear el viento en la tormenta. Pídale también que rocíe agua al aire para simular la lluvia.

En la clase, diga: **Les invito a dar un paseo en mi nave, y aquí está nuestro capitán.** Presente al voluntario. Entonces él pedirá que los niños suban al barco. Luego relatará la historia de Pablo y el naufragio. El ayudante encenderá el ventilador y rociará el agua en el momento apropiado en la historia.

Después de la historia, dé gracias al voluntario. Diga: **Dios quería que Pablo fuese a Roma. Dios le dio esperanza a Pablo durante la tempestad. Luego Pablo dio esperanza a los marineros. Éstos hicieron todo lo que pudieron para salvar el barco** y salvarse ellos, excepto pedir la ayuda de **Dios. Pablo ayudó a los marineros a conocer a Aquel que es la verdadera fuente de esperanza. Dios salvó la vida de Pablo y la de todos los que estaban en el barco. Dios aún da esperanza a la gente hoy en medio de situaciones difíciles.**

LECCIÓN BÍBLICA

Prepare la historia bíblica basada en el pasaje bíblico de la lección.

En las páginas 115-148 se ha impreso una versión de fácil lectura de esta lección.

Los niños entenderán mejor la lección si les relata la historia en vez de leérsela.

Después de la historia, pida a los niños que respondan las siguientes preguntas. No hay respuestas correctas o erradas. Estas preguntas ayudan a los niños a entender la historia y aplicarla a sus vidas.

1. **Pablo se dio cuenta del peligro de navegar en ese tiempo del año y trató de advertir a los demás. ¿Alguna vez les han advertido de un peligro? ¿Qué sucedió?**
2. **Aunque Pablo estaba preso, tenía esperanza porque confiaba en Dios. ¿En qué formas les ha ayudado Dios en medio de una situación difícil?**
3. **Un ángel le dio ánimo a Pablo. ¿Cómo los ha animado Dios a ustedes? ¿En qué forma han animado ustedes a otros?**
4. **¿Cuál fue su parte favorita en esta historia bíblica? ¿Por qué?**

Diga: **Pablo estaba en una situación**

difícil, a bordo de una nave en medio de una tempestad en el mar. Pero, su esperanza estaba en Dios y, por medio de un ángel, Dios le prometió que ninguno de los que estaban en la nave sufriría daño. Pablo puso su esperanza en la persona correcta: Dios.

VERSÍCULO PARA MEMORIZAR

Enseñe el versículo para memorizar de la lección. Encontrará sugerencias de Actividades para Enseñar el Versículo para Memorizar en las páginas 113-114.

ACTIVIDADES ADICIONALES

Elija una de las siguientes opciones para que los niños mejoren su estudio de la Biblia.

1. Lleve a la clase una sábana y una pelota liviana. Pida que cuatro niños sostengan cada una de las esquinas de la sábana. Pida a otros que sostengan los lados de la sábana. Los niños moverán la sábana para crear la tempestad para el barco (la pelota) en el centro. Mientras mueven la sábana, los niños deben impedir que el barco salga de la sábana y caiga al suelo. Explique que Dios protegió a Pablo y a todos los que estaban en el barco. El barco naufragó pero las personas sobrevivieron.

2. Use esta lección objetiva para hablar de cómo Dios cuidó a los hombres en la tempestad. Antes de la clase, prepare una vasija y alguna fruta con cáscara. Una naranja, manzana o banana serían apropiados. Llene la vasija con agua. Use la fruta para representar el barco que normalmente flotaba en el agua. Trate de hundir la fruta y note que flota otra vez hacia la superficie.

Diga: **En la tempestad, la gente en el barco pensó que se iba a ahogar. Sin embargo, Dios protegió a todos. Aunque el barco naufragó, toda la gente nadó a la orilla y sobrevivió.**

PREGUNTAS PARA LA COMPETENCIA BÁSICA

A fin de preparar a los niños para la competencia, léales Hechos 27:1-2, 9-26, 33-44.

1 ¿Cuándo empezó a navegar el barco de Pablo? (27:9)
1. Después de Pentecostés
2. **Después que pasó el ayuno**
3. En diciembre

2 ¿Quién advirtó que la navegación sería con perjuicio y mucha pérdida? (27:9-11)
1. Julio
2. El piloto y el patrón de la nave
3. **Pablo**

3 ¿Qué dio contra la nave? (27:14)
1. Un viento huracanado
2. Un Euroclidón
3. **Ambas respuestas son correctas.**

4 ¿Qué hicieron los marineros por temor de dar en la Sirte? (27:17)
1. Arriaron las velas
2. Quedaron a la deriva
3. **Ambas respuestas son correctas.**

5 ¿Qué arrojaron los marineros al tercer día? (27:19)
1. A los esclavos
2. **Los aparejos de la nave**
3. Los alimentos

6 Después que la gente perdió la esperanza de salvarse, ¿a qué los exhortó Pablo? (27:22)
1. **A tener buen ánimo**
2. A dar vuelta y navegar de regreso
3. A enviar un mensaje pidiendo ayuda

7 Durante su viaje en la nave, ¿en qué confiaba Pablo? (27:25)
1. Que todos los que estaban a bordo morirían, excepto él
2. Que los naturales de la isla los atacarían
3. **Que todo sucedería como Dios le había dicho**

8 Después que comieron hasta estar satisfechos, ¿cómo aligeraron la nave los marineros? (27:38)
1. **Echando el trigo al mar**
2. Lanzando por la borda a los presos
3. Cortando las anclas

9 ¿A quién quería salvar el centurión? (27:43)
1. A todos los marineros
2. A sí mismo
3. **A Pablo**

10 ¿Quiénes se salvaron saliendo a tierra? (27:44)
1. Solamente los soldados
2. Solamente los presos
3. **Todos**

PREGUNTAS PARA LA COMPETENCIA AVANZADA

A fin de preparar a los niños para la competencia, léales Hechos 27:1-2, 9-26, 33-44.

1 ¿Quién era Julio? (27:1)
1. El soldado que acompañó a Pablo y otros presos a Roma
2. Un centurión
3. Un miembro de la compañía Augusta
4. **Todas las respuestas son correctas.**

2 ¿A qué daba más crédito el centurión? (27:11)
1. **A lo que el piloto y el patrón de la nave decían**
2. A lo que su esposa decía
3. A lo que Pablo decía
4. A su propio consejo

3 ¿Cómo se llamaba el viento huracanado? (27:14)
1. Tifón
2. **Euroclidón**
3. Relámpago
4. La Gran Tormenta

4 ¿Qué hicieron los marineros a la nave cuando estaba en medio de una tempestad? (27:17-19)
1. Usaron de refuerzos para ceñir la nave.
2. Arriaron las velas y quedaron a la deriva.
3. Empezaron a alijar y arrojaron los aparejos de la nave.
4. **Todas las respuestas son correctas.**

5 ¿Qué le dijo el ángel de Dios a Pablo en la nave? (27:23-24)
1. No temas.
2. Es necesario que comparezcas ante César.
3. Dios te ha concedido todos los que navegan contigo.
4. **Todas las respuestas son correctas.**

6 En la nave, ¿qué hizo Pablo con el pan? (27:35)
1. **Dio gracias a Dios, lo partió y empezó a comer.**
2. Lo arrojó por la borda.
3. Él no tenía hambre.
4. Todas las respuestas son correctas.

7 ¿Qué sucedió cuando izaron al viento la vela de proa y se dirigieron a la playa? (27:40-41)
1. La nave dio en un lugar de dos aguas y encalló.
2. La proa estaba hincada y quedó inmóvil.
3. La popa se abría con la violencia del mar.
4. **Todas las respuestas son correctas.**

8 ¿Quién impidió que los soldados realizaran su plan de matar a los presos a bordo? (27:43)
1. Pablo
2. El patrón de la nave
3. Los naturales de la isla
4. **El centurión**

9 ¿Qué mandó el centurión a algunos de los presos? (27:43-44)
1. **Mandó que los que pudiesen nadar se echasen y saliesen a tierra.**
2. Mandó que los que no pudiesen nadar, se atasen a sí mismos al mástil de la nave.
3. Mandó que algunos de los presos escapasen en botes salvavidas.
4. Todas las respuestas son correctas.

10 Completen este versículo: "Mantengamos firme, sin fluctuar, la profesión de nuestra esperanza..." (Hebreos 10:23)
1. "... porque la vida es corta".
2. "... porque no se puede poner la esperanza en la gente".
3. **"... porque fiel es el que prometió".**
4. "... porque uno nunca sabe qué pueda suceder mañana".

LECCIÓN VEINTE

Hechos 28:1–31
El Fin es el Comienzo

COMENTARIO BÍBLICO

Cuando Pablo finalmente llegó a Roma, continuó su misión de predicar la historia de Jesús. Pablo contó la historia de su arresto y juicio como introducción de su testimonio a los líderes judíos. Como en todas las ocasiones cuando Pablo habló a una audiencia judía, la reacción a su mensaje fue variada.

Pablo citó del libro de Isaías al explicar sus experiencias al contar la historia de Dios al pueblo judío. Hablando de Isaías 6:9-10, Pablo reiteró la advertencia de Dios a los judíos. Les aseguró que Dios los sanaría si humildemente elegían aceptar la invitación a ver, escuchar, entender y obedecer a Dios.

Probablemente Pablo sentía tristeza sabiendo que su pueblo no aceptó el mensaje de salvación. Sin embargo, siguió confiando en Dios y obedeciéndole. De hecho, el libro de Hechos termina con un resumen de cómo Pablo continuó predicando valientemente el mensaje de Jesús en Roma.

En la segunda mitad de Hechos leemos cómo los judíos rechazaron el evangelio y los gentiles lo aceptaron. En su libro, Lucas no dice que la misión a los judíos fue un fracaso. Algunos judíos aceptaron el mensaje de Dios. El evangelio es para todos, tanto judíos como gentiles. Hay esperanza de que todos acepten el mensaje.

Jesús es nuestra esperanza. Con el poder del Espíritu Santo, podemos proclamar valientemente este mensaje al mundo.

ACTIVIDAD

Para esta actividad necesitará lo siguiente:
- Un dulce o una galleta pequeña para cada niño
- Cinco pedazos de papel
- Marcador

Antes de la clase, compre o prepare un dulce o galleta para cada niño. Haga dos letreros: en un pedazo de papel escriba JUDÍOS, y en otro, GENTILES.

En la clase, divida la clase en dos grupos: los judíos y los gentiles. Pida que un voluntario de cada grupo sostenga el letrero que hizo.

Diga: **Aquí tengo unos dulces** (o galletas). **¿Debo dárselos a los judíos o a los gentiles? ¿Por qué?** Permita que los niños respondan. Diga: **Les daré uno a todos ustedes.**

Permita que los niños coman su dulce. Luego diga: **Cuando Pablo llegaba a una nueva ciudad, él siempre hablaba primero a los judíos acerca del evangelio. Sin embargo, muchos de los judíos rehusaban creer en Jesús. Así que Pablo les predicaba el evangelio a los gentiles. Pablo comprendió que Dios quería que todos fuesen parte de su reino. Dios quiere que ustedes sean parte de su reino también.**

Haga un repaso de los pasos de salvación. Invite a los que aún no son cristianos a responder al llamado de salvación de Dios hoy. Ore con los que acepten esta invitación.

Diga: **Pablo viajó desde Jerusalén a muchas ciudades. Dondequiera que iba, predicaba de Jesús. Él cumplió lo que dice Hechos 1:8, de ir a Judea, Samaria y hasta lo último de la tierra. Ahora ustedes pueden contar su historia dondequiera que vayan.**

LECCIÓN BÍBLICA

Prepare la historia bíblica basada en el pasaje bíblico de la lección.

En las páginas 115-148 se ha impreso una versión de fácil lectura de esta lección.

Los niños entenderán mejor la lección si les relata la historia en vez de leérsela.

Después de la historia, pida a los niños que respondan las siguientes preguntas. No hay respuestas correctas o erradas. Estas preguntas ayudan a los niños a entender la historia y aplicarla a sus vidas.

1. ¿Cómo se habrían sentido si hubieran sido uno de los naturales que vio cuando a Pablo lo mordió la víbora pero él no se enfermó? ¿Qué hubieran pensado?
2. En su opinión, ¿por qué los naturales fueron tan generosos con Pablo y sus compañeros cuando éstos se preparaban para irse?
3. En sus propias palabras, cuenten qué sucedió cuando Pablo habló a los principales de los judíos. ¿Cuál fue la respuesta de ellos a su mensaje?
4. ¿Qué creen que hizo Pablo mientras estuvo en Roma? ¿A cuántas iglesias les escribió cartas? Pista: Algunas de esas cartas se encuentran en el Nuevo Testamento.

Diga: **Cada historia en Hechos nos muestra que los primeros cristianos eran creyentes fieles. Dios edificó su iglesia con Pedro, un hombre que abandonó a Jesús cuando él lo necesitaba; Pablo, un hombre que odió y persiguió violentamente a los cristianos; y otros que fueron pescadores y carpinteros, personas comunes. Dios los escogió para establecer su iglesia porque eran fieles. Con todas sus fallas y errores, ellos se acercaron a Dios y se rindieron a Él para que los usara para sus propósitos. Dios guía al creyente fiel. Él los guiará a ustedes si le siguen.**

VERSÍCULO PARA MEMORIZAR

Enseñe el versículo para memorizar de la lección. Encontrará sugerencias de Actividades para Enseñar el Versículo para Memorizar en las páginas 113-114.

ACTIVIDADES ADICIONALES

Elija una de las siguientes opciones para que los niños mejoren su estudio de la Biblia.

1. Diga: **Pablo vivió como preso en Roma por dos años. ¿Qué creen que hizo mientras estaba preso?** Permita que los niños respondan. **La gente podía visitar a Pablo mientras estaba preso. ¿De qué hablarían? Pablo también escribió cartas a personas y a iglesias mientras estaba preso. Algunas de esas cartas llegaron a ser libros de nuestra Biblia. Contemos cuántos son.**

Divida la clase en equipos. Provea por lo menos una Biblia para cada equipo. Indique a los niños que lean el primer versículo de todos los libros, desde 1 Corintios hasta Filemón. Pregunte: **¿Cuántos libros escribió Pablo?**

2. Diga: **Dios usó a creyentes fieles para comenzar su iglesia. ¿Fue alguno de ellos de la realeza o la aristocracia? Veamos una lista: Pedro, Pablo, Juan, Aquila y Priscila, Apolos, Timoteo, Juan Marcos y Eutico. No. Eran personas comunes que amaban a Dios y a Jesús. ¿Quién es responsable por el crecimiento de la iglesia? Los pastores son importantes. Sin embargo, en una iglesia local todos deben trabajar para ayudar a que su iglesia crezca. Cada creyente tiene una responsabilidad.**

En una pizarra o en un papel grande escriba estas palabras: "¿Qué pueden hacer los niños para ayudar a que nuestra iglesia crezca?" Pida a voluntarios que escriban alguna manera en que los niños pueden ayudar.

PREGUNTAS PARA LA COMPETENCIA BÁSICA

A fin de preparar a los niños para la competencia, léales Hechos 28:1-31.

1 ¿Qué sucedió cuando Pablo echó algunas ramas secas al fuego? (28:3-5)
1. Una víbora se prendió en la mano de Pablo.
2. Pablo sacudió la víbora en el fuego.
3. **Ambas respuestas son correctas.**

2 ¿Quién recibió a Pablo y sus compañeros y los hospedó solícitamente tres días en la isla de Malta? (28:7)
1. El rey de Malta
2. **El hombre principal de la isla, Publio**
3. Varias de las viudas de Malta

3 ¿Quiénes vinieron a Pablo después que él sanó al padre de Publio? (28:9)
1. **Los otros de la isla que tenían enfermedades**
2. Toda la familia de Publio
3. Los hombres principales de Malta

4 ¿Qué hicieron los naturales de Malta por Pablo y el grupo? (28:10)
1. Los honraron con muchas atenciones
2. Los cargaron de las cosas necesarias
3. **Ambas respuestas son correctas.**

5 ¿Qué sucedió cuando Pablo vio a los hermanos de Roma? (28:15)
1. **Dio gracias a Dios y cobró aliento.**
2. Se enojó con ellos porque lo habían enviado a la cárcel.
3. Les preguntó por qué no habían ido a verlo en Jerusalén.

6 ¿Por qué los principales de los judíos en Roma querían oír lo que pensaba Pablo? (28:22)
1. **Porque en todas partes se hablaba contra esta secta**
2. Porque estaban emocionados de oír el testimonio de Pablo
3. Porque recibieron una carta de Jerusalén acerca de Pablo

7 ¿Cuándo se retiraron de Pablo los principales de los judíos en Roma? (28:25)
1. **Después que Pablo les dio una última palabra**
2. Alrededor del mediodía
3. Inmediatamente después que Pablo empezó a enseñar acerca de Jesucristo

8 Según Pablo, ¿qué fue enviada a los gentiles? (28:28)
1. Sueños y visiones
2. **La salvación de Dios**
3. Dolor y sufrimiento

9 ¿Qué dijo Pablo que harían los gentiles con el mensaje de la salvación de Dios? (28:28)
1. Lo dejarán de lado.
2. No lo escucharán.
3. **Ellos lo oirán.**

10 ¿Cuánto tiempo permaneció Pablo en Roma? (28:30)
1. **Dos años**
2. Dos meses
3. Dos semanas

PREGUNTAS PARA LA COMPETENCIA AVANZADA

A fin de preparar a los niños para la competencia, léeles Hechos 28:1-31.

1 ¿Qué hicieron los naturales de Malta por Pablo y sus compañeros? (28:1-3)
   1. Los trataron con no poca humanidad.
   2. Encendieron un fuego para ellos.
   3. Los recibieron a todos.
   4. **Todas las respuestas son correctas.**

2 ¿Por qué los naturales dijeron que Pablo era homicida? (28:4)
   1. Porque Pablo estaba haciendo milagros
   2. Porque Pablo se veía culpable y nervioso
   3. **Porque una víbora se prendió en la mano de Pablo**
   4. Todas las respuestas son correctas.

3 ¿Qué le pasó a Pablo cuando la víbora lo mordió? (28:5-6)
   1. **Pablo no padeció ningún daño.**
   2. Pablo se hinchó.
   3. De pronto Pablo cayó muerto.
   4. Pablo llegó a ser como Dios.

4 ¿Cómo fue sanado el padre de Publio? (28:8)
   1. Pablo entró a verle.
   2. Pablo oró por él.
   3. Pablo le impuso las manos y le sanó.
   4. **Todas las respuestas son correctas.**

5 ¿Qué hizo Pablo cuando vio a los hermanos en Roma? (28:14-15)
   1. **Dio gracias a Dios y cobró aliento.**
   2. Los abrazó y lloró.
   3. No quiso mirarlos porque estaba avergonzado.
   4. Les pidió alimento y un lugar donde quedarse.

6 ¿Por qué dijo Pablo que estaba sujeto con una cadena? (28:20)
   1. Porque había cometido un crimen que merecía la muerte
   2. **Por la esperanza de Israel**
   3. Porque su propio pueblo era culpable
   4. Todas las respuestas son correctas.

7 ¿Cómo trataba Pablo de persuadir acerca de Jesús a los que estaban en Roma? (28:23)
   1. Por medio de señales milagrosas
   2. **Por la ley de Moisés y por los profetas**
   3. Por medio de historias de sus viajes
   4. Diciéndoles que él los amaba

8 Según Pablo, ¿qué se les envió a los gentiles? (28:28)
   1. Dinero para construir nuevas iglesias
   2. **La salvación de Dios**
   3. Dolor y sufrimiento
   4. Persecución

9 ¿Qué dijo Pablo que harían los gentiles con el mensaje de la salvación de Dios? (28:28)
   1. Lo dejarán de lado.
   2. No lo escucharán.
   3. **Lo oirán.**
   4. No sabrán lo que significa.

10 ¿Qué hizo Pablo por dos años mientras estuvo en Roma? (28:30-31)
   1. Permaneció en una casa alquilada.
   2. Predicó el reino de Dios abiertamente y sin impedimento.
   3. Enseñó acerca del Señor Jesucristo.
   4. **Todas las respuestas son correctas.**

VERSÍCULOS PARA MEMORIZAR

Los siguientes son los versículos para memorizar para cada lección. Puede hacer copias de esta página y distribuirlas a los niños para que los estudien.

LECCIÓN 1

"Y nosotros somos testigos suyos de estas cosas, y también el Espíritu Santo, el cual ha dado Dios a los que le obedecen" (Hechos 5:32).

LECCIÓN 2

"Y en ningún otro hay salvación; porque no hay otro nombre bajo el cielo, dado a los hombres, en que podamos ser salvos" (Hechos 4:12).

LECCIÓN 3

"Y de hacer bien y de la ayuda mutua no os olvidéis; porque de tales sacrificios se agrada Dios" (Hebreos 13:16).

LECCIÓN 4

"Bienaventurado el varón que soporta la tentación; porque cuando haya resistido la prueba, recibirá la corona de vida, que Dios ha prometido a los que le aman" (Santiago 1:12).

LECCIÓN 5

"La exposición de tus palabras alumbra; hace entender a los simples" (Salmos 119:130).

LECCIÓN 6

"De modo que si alguno está en Cristo, nueva criatura es; las cosas viejas pasaron; he aquí todas son hechas nuevas" (2 Corintios 5:17).

LECCIÓN 7

"No os conforméis a este siglo, sino transformaos por medio de la renovación de vuestro entendimiento, para que comprobéis cuál sea la buena voluntad de Dios, agradable y perfecta" (Romanos 12:2).

LECCIÓN 8

"Entonces Pedro, abriendo la boca, dijo: En verdad comprendo que Dios no hace acepción de personas, sino que en toda nación se agrada del que le teme y hace justicia" (Hechos 10:34-35).

LECCIÓN 9

"La oración eficaz del justo puede mucho" (Santiago 5:16b).

LECCIÓN 10

"Con toda humildad y mansedumbre, soportándoos con paciencia los unos a los otros en amor, solícitos en guardar la unidad del Espíritu en el vínculo de la paz" (Efesios 4:2-3).

LECCIÓN 11

"Pedro les dijo: Arrepentíos, y bautícese cada uno de vosotros en el nombre de Jesucristo para perdón de los pecados; y recibiréis el don del Espíritu Santo" (Hechos 2:38).

LECCIÓN 12

"Porque serás testigo suyo a todos los hombres, de lo que has visto y oído" (Hechos 22:15).

LECCIÓN 13

"¿Qué, pues, diremos a esto? Si Dios es por nosotros, ¿quién contra nosotros?" (Romanos 8:31).

LECCIÓN 14

"Pero recibiréis poder, cuando haya venido sobre vosotros el Espíritu Santo, y me seréis testigos en Jerusalén, en toda Judea, en Samaria, y hasta lo último de la tierra" (Hechos 1:8).

LECCIÓN 15

"Pero de ninguna cosa hago caso, ni estimo preciosa mi vida para mí mismo, con tal que acabe mi carrera con gozo, y el ministerio que recibí del Señor Jesús, para dar testimonio del evangelio de la gracia de Dios" (Hechos 20:24).

LECCIÓN 16

"Ahora pues, ve, y yo estaré con tu boca, y te enseñaré lo que hayas de hablar" (Éxodo 4:12).

LECCIÓN 17

"En quien esperamos que aún nos librará" (2 Corintios 1:10c).

LECCIÓN 18

"Porque no podemos dejar de decir lo que hemos visto y oído" (Hechos 4:20).

LECCIÓN 19

"Mantengamos firme, sin fluctuar, la profesión de nuestra esperanza, porque fiel es el que prometió" (Hebreos 10:23).

LECCIÓN 20

"Por tanto, mirad por vosotros, y por todo el rebaño en que el Espíritu Santo os ha puesto por obispos, para apacentar la iglesia del Señor, la cual él ganó por su propia sangre" (Hechos 20:28).

ACTIVIDADES PARA ENSEÑAR EL VERSÍCULO PARA MEMORIZAR

UNA MEMORIZACIÓN DIVERTIDA

Pida a los niños que se sienten formando una línea recta. Dígales que el primer niño debe pararse, decir la primera palabra del versículo, mover animadamente las dos manos en el aire y sentarse. Luego el segundo niño debe pararse, decir la segunda palabra del versículo, mover animadamente las dos manos en el aire y sentarse. Así continuarán hasta que hayan dicho el versículo completo. Si alguien olvida una palabra o se equivoca, permita que los otros niños digan la palabra correcta. Anímelos a decir el versículo rápidamente de modo que sus movimientos se vean como una ola.

PASEN LA BIBLIA

Necesitará una Biblia y un radio o CD de música.

Pida a los niños que se sienten formando un círculo. Entregue la Biblia a un niño. Cuando empiece la música, diga a los niños que pasen la Biblia alrededor del círculo. Cuando pare la música, el niño que está sosteniendo la Biblia debe decir el versículo bíblico. Pare la música de manera que cada niño tenga oportunidad de decir el versículo.

UNA CARRERA DE MEMORIZACIÓN

Escriba cada palabra o frase del versículo en un pedazo de papel. Haga dos juegos de palabras, uno para cada equipo.

Divida la clase en dos equipos. Frente a cada equipo coloque en el suelo un juego de palabras. Mezcle los papeles para que estén en desorden. Cuando dé la señal, el primer niño de cada equipo debe encontrar la primera palabra del versículo y correr a la meta. El niño pone el papel en el piso y corre a donde está el segundo jugador. Éste recoge la segunda palabra del versículo y corre con ella a la meta. Continúen hasta que un equipo complete el versículo en perfecto orden. Dé tiempo para que el segundo equipo complete su versículo. Luego pida que ambos equipos digan juntos el versículo.

EL VERSÍCULO BIBLICO EN FILA

Escriba cada palabra o frase del versículo en un pedazo de papel.

Entregue a cada niño uno de esos papeles. Instruya a los niños que tienen los papeles para que se paren en diferentes lugares del salón y mantengan en alto su papel. Elija a otro alumno para que ponga a los niños en el orden correcto del versículo. Después pida que todos lean juntos el versículo.

JUEGO DEL ESCONDITE PARA MEMORIZAR

Prepare papeles y escóndalos con anticipación para esta actividad.

Escriba por separado cada palabra del versículo para memorizar en un pedazo de papel. Esconda cada palabra en diferentes lugares del salón. Pida a los niños que encuentren las palabras y las pongan en el orden correcto. Digan juntos el versículo para memorizar.

PÁRATE Y HABLA

Pida a los niños que se sienten formando un círculo. Indique al primer niño o niña que se pare, diga la primera palabra del versículo y se siente. El segundo niño se para, dice la segunda palabra del versículo y se sienta. Continúen hasta que completen el versículo. Anímelos a repetir el juego pero haciéndolo más rápido que la primera vez. Permita que los niños vean qué tan rápido pueden decir el versículo.

PALABRAS QUE DESAPARECEN

Necesitará una pizarra, pizarra blanca o papel para esta actividad.

Escriba el versículo para memorizar en una pizarra o pizarra blanca. Pida a los niños que repitan el versículo. Permita que un niño borre una palabra, y luego pida a los niños que repitan el versículo (incluyendo la palabra que desapareció). Continúen hasta que desaparezcan todas las palabras y los niños digan todo el versículo de memoria. Si no tiene pizarra o pizarra blanca, escriba por separado cada palabra del versículo en un pedazo de papel, y pida a los niños que quiten una palabra a la vez.

Versión de Fácil Lectura de los Pasajes Bíblicos

LECCIÓN 1

El Don Prometido

Hechos 1:1-11; 2:1-8, 12-21, 36-47

La promesa del Espíritu Santo (1:1-5)

Estimado Teófilo: En mi primer libro escribí sobre todo lo que Jesús hizo y enseñó, desde el principio hasta el día en que fue llevado al cielo. Antes de irse, Jesús dio órdenes por medio del Espíritu Santo a los apóstoles que había elegido. Después de morir, Jesús se les apareció a los apóstoles y pasó cuarenta días con ellos, dándoles muchas pruebas de que estaba vivo y hablándoles del reino de Dios. En una ocasión estaban comiendo y les ordenó que no se fueran de Jerusalén:

—Quédense aquí para recibir la promesa del Padre, de la cual ya les he hablado. Juan bautizó con agua, pero dentro de unos días ustedes serán bautizados con el Espíritu Santo.

Jesús es llevado al cielo (1:6-11)

Los apóstoles estaban reunidos con Jesús y le preguntaron:

—Señor, ¿le vas a devolver ahora el reino a Israel? Jesús les contestó:

—El Padre es el único que tiene la autoridad de decidir las horas o las fechas. A ustedes no les corresponde saberlo. Pero cuando el Espíritu Santo venga sobre ustedes, recibirán poder. Serán mis testigos en Jerusalén, en toda la región de Judea, en Samaria y en todo el mundo. Después de decir esto, Jesús fue llevado al cielo. Mientras ellos lo miraban, una nube lo tapó y no lo volvieron a ver. Estando todavía con la vista fija en el cielo, dos hombres vestidos de blanco aparecieron junto a ellos y les dijeron:

—Galileos, ¿por qué se quedan mirando al cielo? Este mismo Jesús, que ha sido llevado al cielo, volverá de la misma manera que lo han visto irse.

La llegada del Espíritu Santo (2:1-8, 12-13)

Cuando llegó el día de Pentecostés, todos estaban reunidos en un mismo lugar. De repente, vino del cielo un ruido como de un viento muy fuerte, que llenó toda la casa. Vieron algo parecido a llamas de fuego que se separaron y se colocaron sobre cada uno de los que estaban allí. Todos quedaron llenos del Espíritu Santo y empezaron a hablar en diferentes idiomas por el poder que les daba el Espíritu. En Jerusalén estaban viviendo fieles judíos que habían venido de todas partes del mundo. Al oír el ruido, se reunió una multitud y estaban confundidos porque cada uno los oía hablar en su propio idioma. Muy sorprendidos y llenos de asombro, decían: «¿No son todos estos de Galilea? pero cada uno de nosotros los oye hablar en nuestro propio idioma. ¿Cómo es posible eso? Todos estaban sorprendidos y asombrados, y se preguntaban: «¿Qué está pasando?» En cambio, otros se burlaban, diciendo: «Esos están borrachos».

Pedro toma la palabra (2:14-21, 26-41)

Entonces Pedro se puso de pie junto con los otros once apóstoles y alzó la voz para que todos lo escucharan: «Hermanos judíos y todos aquellos que viven en Jerusalén, escuchen con cuidado porque tengo algo que decirles. Estos no están borrachos como ustedes piensan, porque son apenas las nueve de la mañana. Pero el profeta Joel dijo esto sobre lo que está pasando ahora:

»" Dios dice: En los últimos días, derramaré mi Espíritu
sobre toda la humanidad.
Los hijos e hijas de ustedes profetizarán.
Los jóvenes tendrán visiones,
y los ancianos tendrán sueños.
En esos días derramaré mi Espíritu
sobre mis siervos, hombres y mujeres,
y ellos profetizarán.
Les mostraré maravillas en el cielo
y señales milagrosas en la tierra:
habrá sangre, fuego y mucho humo.
El sol se oscurecerá,
y la luna se convertirá en sangre.
Entonces vendrá el día grande e impresionante del Señor. Todo el que confíe en el Señor, será salvo".

»Entonces que todo Israel sepa que al hombre que mataron en la cruz, Dios lo convirtió en Señor y Cristo».

Al escuchar esto, todos se conmovieron profundamente y les preguntaron a Pedro y a los otros apóstoles:

—Hermanos, ¿qué debemos hacer?

Pedro les dijo:

—Cambien su manera de pensar y de vivir y bautícese cada uno de ustedes en el nombre de Jesucristo. Así Dios les perdonará sus pecados y recibirán el Espíritu Santo como regalo. Esta promesa es para ustedes, para sus hijos y para todos los que están lejos. Es decir, para todos los que el Señor nuestro Dios quiera llamar.

Pedro les advirtió de muchas maneras y les pidió con insistencia:

—¡Sálvense de esta generación perversa!

Entonces los que hicieron caso a su mensaje fueron bautizados. Ese día se unieron al grupo de creyentes más de tres mil personas.

Vida de los creyentes (2:42-47)

Ellos estaban dedicados a aprender lo que los apóstoles enseñaban. Compartían lo que tenían, comían y oraban juntos. Todos sintieron un profundo asombro y los apóstoles hacían muchas maravillas y señales milagrosas. Todos los creyentes permanecían unidos y compartían sus bienes. Vendían lo que tenían y repartían el dinero entre los que estaban necesitados. Los creyentes, compartían el mismo propósito, cada día solían dedicar mucho tiempo en el área del templo y comían juntos en las casas. Compartían la comida con sencillez y alegría, alababan a Dios y todo el pueblo los estimaba mucho. Cada día el Señor añadía a la iglesia los que iban siendo salvos.

LECCIÓN 2

Mejor que el Dinero
Hechos 3:1-16, 4:1-22

Pedro sana a un paralítico (3:1-10)

Un día a las tres de la tarde, la hora de la oración, Pedro y Juan fueron al área del templo. En ese lugar del templo había una puerta llamada La Hermosa. Todos los días un paralítico de nacimiento era llevado hasta allí para que les pidiera limosna a los que entraban al área del templo. Cuando el paralítico vio a Pedro y a Juan a punto de entrar, les pidió limosna. Pedro y Juan lo miraron a los ojos, y Pedro le dijo:

—Míranos.

Entonces el hombre los miró atentamente, esperando recibir algo de ellos. Pero Pedro le dijo:

—No tengo oro ni plata, pero lo que tengo te doy: en el nombre de Jesucristo de Nazaret, levántate y anda.

Entonces Pedro lo tomó de la mano derecha y lo levantó. De inmediato, las piernas y los pies del hombre se fortalecieron. El hombre saltó, se puso de pie y comenzó a caminar. Entró al área del templo con ellos, caminando, saltando y alabando a Dios. Cuando todos lo vieron caminando y alabando a Dios, lo reconocieron como el mismo hombre que se sentaba a pedir limosna a la puerta del templo llamada La Hermosa. Quedaron sorprendidos y asombrados por lo que le había pasado.

Pedro le habla a la gente (3:11-16)

En el Pórtico de Salomón, el hombre que había sido sanado no soltaba a Pedro y a Juan. Toda la gente, sin salir de su asombro, corrió hacia donde estaban ellos. Cuando Pedro vio lo que estaba pasando les dijo: «Israelitas, ¿por qué les sorprende esto? Nos están mirando como si nuestro propio poder o devoción fuera lo que hizo caminar a este hombre. ¡Dios lo hizo! El Dios de Abraham, de Isaac, de Jacob y de todos nuestros antepasados le dio honra a Jesús, su siervo; sin embargo, ustedes entregaron a Jesús para que lo mataran. Lo rechazaron ante Pilato, quien había decidido dejarlo en libertad. Ustedes le pidieron a Pilato que soltara a un asesino y rechazaron al Santo y Justo. Ustedes mataron al que nos lleva a la vida, pero Dios lo resucitó de la muerte, de lo cual nosotros somos testigos. Frente a ustedes este hombre fue sanado por la fe en el poder de Jesús. Ustedes lo conocen y aquí lo pueden ver. Está completamente sano gracias a la fe que Jesús nos dio.

Pedro y Juan ante el Consejo (4:1-22)

Unos sacerdotes, el capitán de la guardia del templo y algunos saduceos se acercaron mientras Pedro y Juan todavía le estaban hablando al pueblo. Estaban resentidos porque Pedro y Juan enseñaban que Jesús había demostrado que los muertos resucitan. Arrestaron a Pedro y a Juan y los metieron en la cárcel. Como ya era tarde, los dejaron en la cárcel hasta el día siguiente. Pero muchos de los que habían escuchado el mensaje, creyeron. Ahora había como cinco mil hombres en el grupo de creyentes. Al día siguiente, los dirigentes del pueblo, los ancianos líderes y los maestros de la ley, se reunieron en Jerusalén. También estaban allí el sumo sacerdote Anás, Caifás, Juan y Alejandro. Todos los que pertenecían a la familia del sumo sacerdote estaban reunidos. Ellos mandaron traer a Juan y a Pedro para interrogarlos:

—¿Con qué poder y autoridad sanaron al paralítico?

Entonces Pedro, lleno del Espíritu Santo, les dijo:

—Dirigentes del pueblo y ancianos líderes de Israel, ¿nos están juzgando hoy por sanar a un paralítico? ¿Quieren saber quién lo sanó? Pues sepan ustedes y todo el pueblo de Israel que este hombre fue sanado por el poder de Jesucristo de Nazaret, a quien ustedes crucificaron, pero Dios lo levantó de la muerte. Este hombre estaba paralítico y ahora está completamente sano gracias a Jesús. Este Jesús es:

» "La piedra que ustedes
los constructores rechazaron
se ha convertido en la piedra principal".

»¡Sólo en Jesús hay salvación! No hay otro nombre en este mundo por el cual los seres humanos podamos ser salvos.

Pedro y Juan eran hombres sencillos y sin educación. Las autoridades se asombraron cuando vieron que ellos no tenían miedo de hablar. Entonces se dieron cuenta de que Pedro y Juan habían estado con Jesús. Además, el que había sido sanado estaba junto a ellos, por eso no podían decir nada en contra. Entonces les ordenaron salir del Consejo, y discutieron entre ellos lo que debían hacer. Dijeron:

«¿Qué hacemos con estos hombres? Todos en Jerusalén saben que hicieron un gran milagro. No podemos decir nada en su contra. Para evitar que esto se siga difundiendo entre el pueblo, amenacémoslos para que dejen de hablar en el nombre de Jesús».

Entonces los llamaron y les ordenaron estrictamente que no hablaran ni enseñaran más en el nombre de Jesús. Pero Pedro y Juan les respondieron:

—Decidan ustedes mismos si es mejor obedecerlos a ustedes o a Dios. No nos podemos quedar callados sin decir lo que hemos visto y oído.

Así que las autoridades volvieron a amenazar a los apóstoles y los dejaron libres. No podían encontrar la manera de castigarlos porque toda la gente estaba alabando a Dios por lo que había pasado. Es que el paralítico que había sido sanado tenía más de cuarenta años cuando recibió este milagro.

LECCIÓN 3

De un Corazón y un Alma
Hechos 4:23-5:11

Los creyentes oran (4:23-31)

Pedro y Juan quedaron en libertad y fueron a contarles a sus compañeros todo lo que habían dicho los jefes de los sacerdotes y los ancianos líderes. Cuando los creyentes escucharon esto, oraron todos juntos en voz alta a Dios y dijeron: «Señor, tú creaste el cielo, la tierra, el mar y todo lo que hay en el mundo. Nuestro antepasado David, tu siervo, dijo por medio del Espíritu Santo:

» "¿Por qué se enfurecieron las naciones?
¿Por qué la multitud hizo planes contra Dios?
Los reyes de la tierra
se preparan para la guerra.
Los gobernantes se ponen
en contra del Señor
y en contra de su Mesías".

»De hecho, Herodes, Poncio Pilato, las naciones y la multitud de Israel se juntaron en contra de Jesús aquí en Jerusalén. Jesús es tu santo siervo, tu elegido para ser el Mesías. Al ponerse en contra de él, hicieron que tus planes se cumplieran. Todo esto sucedió por tu poder y porque así lo quisiste. Ahora, Señor, escucha sus amenazas y ayúdanos a nosotros que somos tus siervos a anunciar tu mensaje con valentía. Al mismo tiempo, extiende tu mano para sanar a los enfermos y realizar señales milagrosas por el poder de tu santo siervo Jesús».

Cuando los creyentes terminaron de orar, el lugar donde estaban reunidos tembló. Fueron llenos todos del Espíritu Santo y siguieron anunciando valientemente el mensaje de Dios.

Los creyentes comparten (4:32-37)

Todos los creyentes pensaban de la misma manera y estaban todos de acuerdo. Ninguno de ellos decía que lo que tenía era sólo suyo, sino que era de todos. Con gran poder, los apóstoles daban testimonio de la resurrección del Señor Jesús, y Dios bendecía mucho a todos los creyentes. En el grupo no había ningún necesitado porque vendían sus tierras y sus casas, traían el dinero de la venta y se lo daban a los apóstoles. Después repartían a cada uno según sus necesidades.

Un ejemplo de esto fue José, un levita natural de Chipre, a quien los apóstoles llamaban Bernabé, que quiere decir «el que consuela a los demás». José era dueño de un terreno, lo vendió, trajo el dinero y se lo dio a los apóstoles.

Ananías y Safira (5:1-11)

Había un hombre llamado Ananías, su esposa se llamaba Safira. Se puso de acuerdo con ella para vender un terreno que tenían, pero entregó sólo una parte del dinero a los apóstoles y se quedó con el resto. Su esposa sabía lo que había hecho. Entonces Pedro dijo:

—Ananías, ¿por qué permitiste que Satanás entrara en tu corazón? Mentiste y trataste de engañar al Espíritu Santo. Vendiste el terreno, pero ¿por qué te quedaste con parte del dinero? El terreno era tuyo antes de venderlo, pudiste haber dispuesto del dinero a tu gusto. ¿Por qué se te ocurrió eso? ¡Le mentiste a Dios, no a los hombres!

Cuando Ananías escuchó esto, cayó muerto. Todos los que supieron esto se asustaron mucho. Unos jóvenes vinieron y envolvieron su cuerpo, lo sacaron y lo enterraron.

Más o menos tres horas después, entró su esposa Safira, quien no sabía lo que le había pasado a su marido. Pedro le preguntó:

—Dime, ¿cuánto recibieron por la venta del terreno? ¿Fue esta cantidad?

Safira le respondió:

—Sí, esa fue la cantidad que recibimos por la venta del terreno.

Pedro le preguntó:

—¿Por qué estuviste de acuerdo a la hora de probar al Espíritu del Señor? ¡Escucha! ¿Puedes oír esos pasos? Los hombres que acaban de enterrar a tu esposo están a la puerta y ahora van a hacer lo mismo contigo.

De inmediato Safira cayó muerta. Los jóvenes entraron y al darse cuenta de que estaba muerta, se la llevaron y la enterraron al lado de su esposo. Toda la iglesia y los que supieron de esto, sintieron muchísimo miedo.

LECCIÓN 4

Esteban es Apedreado y la Iglesia se Esparce

Hechos 6:1-15; 7:51--8:3

Se nombran siete ayudantes (6:1-7)

El número de seguidores de Jesús aumentaba más y más. Pero en esa época los seguidores judíos que hablaban griego se quejaban de los seguidores judíos que hablaban arameo. Decían que sus viudas no estaban recibiendo la ayuda diaria que les correspondía. Los doce apóstoles llamaron a todo el grupo de seguidores y le dijeron:

—No es correcto que nosotros descuidemos la enseñanza de la palabra de Dios por estar administrando la ayuda diaria. Entonces, hermanos, elijan de entre ustedes a siete hombres de toda su confianza. Ellos deben tener mucha sabiduría y estar llenos del Espíritu Santo. Nosotros les encargaremos ese trabajo. Así podremos dedicar nuestro tiempo a orar y a enseñar la palabra de Dios. A todo el grupo le gustó la idea. Entonces eligieron a estos siete hombres: Esteban, hombre de mucha fe y lleno del Espíritu Santo, Felipe, Prócoro, Nicanor, Timón, Parmenas y Nicolás, uno de Antioquía que se había hecho judío. Ellos les presentaron los siete hombres a los apóstoles, quienes oraron por los recién elegidos y les impusieron las manos. La palabra de Dios se difundía más y más. El grupo de seguidores en Jerusalén crecía muchísimo, y hasta un gran número de sacerdotes obedeció el mensaje de fe.

Arresto de Esteban (6:8-15; 7:51-53)

Esteban, lleno del poder y de la bendición de Dios, hacía grandes maravillas y señales milagrosas entre el pueblo. Pero unos de la sinagoga llamada Los Libertos se oponían a él. Estos judíos eran de Cirene y Alejandría y se unieron con unos de Cilicia y Asia. Todos ellos empezaron a discutir con Esteban, pero no podían contradecirlo porque él tenía la sabiduría que le daba el Espíritu Santo. Entonces les pagaron a algunos hombres para que dijeran: «Nosotros lo escuchamos hablando contra Moisés y contra Dios».

Así alborotaron al pueblo, a los ancianos líderes y a los maestros de la ley. Le cayeron de repente, lo agarraron y lo llevaron ante el Consejo. Presentaron unos testigos falsos contra Esteban, que dijeron: «Este hombre no deja de hablar en contra de este lugar sagrado y en contra de la ley. Nosotros lo escuchamos decir que Jesús de Nazaret destruirá este lugar y cambiará las costumbres que Moisés nos dejó».

Todos los que estaban ahí se fijaron en Esteban y vieron que su cara parecía la de un ángel.

»¡Ustedes son muy tercos! Son como los paganos en su forma de pensar y de entender. Siempre se rebelan contra el Espíritu Santo, igual que sus antepasados. ¿A cuál de los profetas no persiguieron ellos? Mataron incluso a los que anunciaron que el Justo iba a venir, el mismo al que ahora ustedes traicionaron y mataron. Ustedes recibieron la ley de Dios por medio de ángeles, pero no la obedecen.

Muerte de Esteban (7:54-59; 8:1-4)

Al escuchar eso, se molestaron tanto que se les veía en la cara lo furiosos que estaban. Pero Esteban, lleno del Espíritu Santo, miró al cielo, vio el esplendor de Dios, y a Jesús de pie a la derecha de Dios. Entonces dijo:

—¡Miren! Veo el cielo abierto y al Hijo del hombre de pie a la derecha de Dios.

Todos empezaron a gritar muy fuerte, se taparon los oídos y se lanzaron contra él. Lo sacaron a empujones de la ciudad y empezaron a apedrearlo. Los que dieron falso testimonio contra Esteban dejaron sus mantos al cuidado de un joven llamado Saulo. Ellos siguieron tirándole piedras a Esteban, pero él oraba: «Señor Jesús, recibe mi espíritu». Después, se arrodilló y gritó muy fuerte: «¡Señor, no les tomes en cuenta este pecado!» Y después de decir esto, murió.

También Saulo estuvo de acuerdo con el asesinato de Esteban.

A partir de ese día empezó una gran persecución contra la iglesia de Jerusalén. Toda la iglesia huyó a diferentes lugares de Judea y Samaria. Sólo los apóstoles se quedaron en Jerusalén. Unos hombres piadosos enterraron a Esteban y lloraron mucho por él. Saulo también trataba de destruir al grupo, entraba casa por casa, sacaba tanto a hombres como a mujeres y los metía en la cárcel. Sin embargo, todos los que huían iban anunciado el mensaje de las buenas noticias de salvación por dondequiera que iban.

LECCIÓN 5

Felipe en el Camino
Hechos 8:4-40

Felipe anuncia el mensaje en Samaria (Hechos 8:4-25)

Felipe fue a la ciudad de Samaria y allí anunció el mensaje acerca del Mesías. Un gran número de samaritanos escuchaba a Felipe, veía las señales milagrosas que hacía y le prestaba mucha atención a su mensaje. Muchos que tenían espíritus malignos fueron sanados; los espíritus les salían dando alaridos. También fueron sanados muchos inválidos y paralíticos. Los habitantes de esa ciudad estaban muy contentos.

Había un hombre llamado Simón que practicaba la brujería. Él tenía muy impresionada a la gente de Samaria, pretendiendo ser un gran personaje. Todos, importantes o no, le prestaban atención y decían: «Este hombre es "el gran poder divino"». Simón los tenía tan impresionados con sus brujerías que la gente lo seguía. Pero cuando Felipe le anunció al pueblo las buenas noticias del reino de Dios y del poder de Jesucristo, tanto hombres como mujeres le creyeron a Felipe y fueron bautizados. Simón mismo creyó y fue bautizado. Seguía a Felipe muy de cerca, asombrado también con las maravillas tan poderosas y las señales milagrosas que Felipe hacía.

Cuando los apóstoles supieron en Jerusalén que los de Samaria había aceptado la palabra de Dios, les enviaron a Pedro y a Juan. Cuando llegaron a Samaria, Pedro y Juan oraron para que los creyentes de Samaria recibieran el Espíritu Santo, porque el Espíritu no había venido sobre ninguno de ellos. Solamente se habían bautizado en el nombre del Señor Jesús. Después de orar, Pedro y Juan les impusieron las manos y recibieron el Espíritu Santo.

Al ver Simón que el Espíritu Santo se daba cuando Pedro y Juan imponían las manos, les ofreció dinero a los apóstoles y les dijo:

—Denme ese poder para que a quien yo le imponga las manos reciba el Espíritu Santo.

Entonces Pedro le respondió:

—¡Púdrete con tu dinero! ¿Pensaste que podías comprar el don de Dios? No tienes arte ni parte en nuestro trabajo porque Dios sabe que tienes la mente retorcida. ¡Abandona tu maldad! Pídele al Señor que perdone tus malas intenciones. Veo que estás lleno de amargura y de envidia, vives atado por el pecado.

Entonces Simón contestó:

—Pidan por mí al Señor, para que no me pase nada de lo que ustedes han dicho.

Una vez que los apóstoles dieron testimonio de lo que sabían de Jesucristo y anunciaron el mensaje del Señor, regresaron a Jerusalén. Por el camino, entraron a muchos pueblos samaritanos y anunciaron la buena noticia de salvación.

Felipe y el funcionario de Etiopía (8:26-40)

Un ángel del Señor le habló a Felipe: «Prepárate para ir al sur por el camino que baja de Jerusalén a Gaza, el camino que cruza el desierto». Entonces Felipe fue y encontró a un eunuco etíope, funcionario de la Candace, o sea la reina de Etiopía. Él estaba a cargo de todos los tesoros de ella y había viajado a Jerusalén para adorar a Dios. Ahora regresaba a casa, sentado en su carruaje y leyendo el libro del profeta Isaías. El Espíritu le dijo a Felipe: «Ve y acércate a ese carruaje». Felipe corrió hacia el carruaje y escuchó al funcionario leyendo el libro del profeta Isaías. Entonces Felipe le dijo:

—¿Entiende lo que está leyendo?

El funcionario le dijo:

—¿Cómo puedo entender? Necesito que alguien me explique lo que estoy leyendo.

Entonces el funcionario invitó a Felipe para que subiera y se sentara con él. La parte de la Escritura que estaba leyendo era esta:

« Fue llevado como oveja al matadero;
como un cordero que no se queja
cuando le cortan la lana, no dijo nada.
Fue humillado y le quitaron todos sus derechos.
Su vida en la tierra terminó;
no habrá ningún relato
acerca de sus descendientes».

El funcionario le preguntó a Felipe:

—Por favor dime, ¿de quién está hablando el profeta? ¿Está hablando de él mismo o de otra persona?

Entonces Felipe comenzó a hablar. Empezó desde esta misma Escritura y le contó la buena noticia acerca de Jesús. Mientras viajaban por el camino, llegaron a un lugar donde había agua, y el funcionario dijo:

—Mira, aquí hay agua. ¿Qué me impide ser bautizado?

Entonces el funcionario ordenó que detuvieran el carruaje, y ambos, Felipe y el funcionario, entraron al agua y Felipe lo bautizó. Cuando salieron del agua, el Espíritu del Señor se llevó a Felipe. El funcionario ya no lo volvió a ver y siguió muy feliz su camino. Felipe apareció en la ciudad de Azoto, y anunció la buena noticia de salvación por todos los pueblos por donde pasaba en su viaje, hasta que llegó a Cesarea.

LECCIÓN 6
Saulo es Transformado
Hechos 9:1-31

Conversión de Saulo (9:1-19a)

Saulo seguía amenazando y promoviendo actos de violencia y muerte contra los seguidores del Señor. Entonces fue al sumo sacerdote y le pidió cartas de autorización para las sinagogas de Damasco. Si Saulo encontraba a algún seguidor del Camino, hombre o mujer, lo podía arrestar y llevar preso a Jerusalén. Cuando estaba cerca de la ciudad de Damasco, lo rodeó de repente una luz muy brillante del cielo. Saulo cayó al suelo y escuchó una voz que le decía:

—Saulo, Saulo, ¿por qué me persigues?

Saulo preguntó:

—¿Quién eres, Señor?

La voz le contestó:

—Soy Jesús, a quien tú persigues. Levántate y vete a la ciudad. Allí se te dirá qué tienes que hacer.

Los hombres que viajaban con Saulo estaban ahí, sin poder decir ni una sola palabra. Oían la voz pero no veían a nadie. Saulo se levantó del suelo, pero cuando abrió los ojos no veía nada. Entonces lo llevaron de la mano a Damasco. Estuvo allí tres días sin ver y no comió ni bebió nada. En Damasco había un seguidor llamado Ananías. El Señor le dijo en una visión:

—Ananías.

Y él le respondió:

—Aquí estoy, Señor.

El Señor le dijo:

—Levántate, ve a la calle Derecha y busca la casa de un hombre llamado Judas. Allí pregunta por Saulo de Tarso. Él está orando y tuvo una visión donde un hombre llamado Ananías se le acerca y le impone las manos para que recobre la vista.

Ananías le respondió:

—Señor, muchos me han contado todo el mal que él ha hecho en Jerusalén contra tu pueblo santo. Ahora Saulo ha venido aquí con poderes de los jefes de los sacerdotes para arrestar a todo el que confía en ti.

Pero el Señor le dijo:

—¡Ve! Yo elegí a Saulo para la misión de dar a conocer mi mensaje ante reyes, israelitas y gente de otras naciones. Yo mismo le mostraré a Saulo todo lo que tendrá que sufrir por mi causa.

Entonces Ananías se fue a la casa de Judas e imponiéndole las manos a Saulo, le dijo: «Hermano Saulo, el Señor Jesús me envió. Fue el que se te apareció cuando venías para acá. Me mandó para que puedas ver de nuevo y te llenes del Espíritu Santo». De inmediato, algo que parecía escamas cayó de sus ojos y recobró la vista. Saulo se levantó y fue bautizado. Luego comió y recuperó las fuerzas.

Saulo en Damasco (9:19b-22)

Saulo se quedó un tiempo con los seguidores que vivían en Damasco. Enseguida entró en las sinagogas a proclamar que Jesús es el Hijo de Dios. Todos los que lo escuchaban se asombraban y decían: «¿No es este el mismo que en Jerusalén perseguía a muerte a los que confían en Jesús? ¿Acaso no vino a arrestar a los seguidores de aquí y a llevarlos ante los jefes de los sacerdotes?» Sin embargo, las palabras de Saulo eran tan bien argumentadas que confundía a los judíos que vivían en Damasco. Ellos no lo podían contradecir cuando él afirmaba que Jesús es el Mesías.

Saulo escapa de Damasco (9:23-25)

Después de muchos días, los judíos hicieron planes para matar a Saulo. De día y de noche vigilaban las puertas de la ciudad porque querían matarlo, pero Saulo se enteró del plan. Sus seguidores lo bajaron en un canasto por la muralla que rodeaba la ciudad.

Saulo en Jerusalén (9:26-31)

Saulo se fue a Jerusalén y trató de reunirse con los seguidores, pero todos le tenían miedo y no creían que fuera un seguidor. Pero Bernabé apoyó a Saulo y lo trajo a los apóstoles. Les explicó que Saulo había visto al Señor en el camino y que el Señor le había hablado. También les contó que en Damasco, Saulo había hablado valientemente en el nombre de Jesús. Entonces Saulo se quedó en Jerusalén con los seguidores. Estando ahí, hablaba abiertamente en el nombre del Señor. Conversaba y discutía con los judíos que hablaban griego, pero ellos intentaban acabar con él. Cuando los hermanos se enteraron de esto, lo llevaron a la ciudad de Cesarea y de ahí lo mandaron a Tarso. Así que la iglesia disfrutó de paz por toda Judea, Galilea y Samaria. Se fortalecía y progresaba, viviendo de una manera que mostraba mucho respeto por el Señor. La iglesia crecía animada por el Espíritu Santo.

LECCIÓN 7

Comer o no Comer
Hechos 10:1-23

Conversión de Cornelio, Parte 1 (10:1-23)

En la ciudad de Cesarea vivía un capitán romano llamado Cornelio, del regimiento conocido como el Italiano. Él y toda su familia adoraban y respetaban a Dios. Cornelio daba muchas contribuciones a los judíos pobres y siempre estaba orando. Un día, como a las tres de la tarde, tuvo una visión en la que vio claramente a un ángel de Dios que se le acercaba y le decía:

—Cornelio.

Cornelio lo miro fijamente y todo asustado le dijo:

—¿Qué quieres, señor?

El ángel le dijo:

—Dios ha escuchado tus oraciones y ha tenido en cuenta tus contribuciones a los pobres. Envía ahora algunos hombres a Jope para que traigan a un hombre llamado Simón, al que le dicen Pedro. Se hospeda en una casa junto al mar que es de un curtidor que también se llama Simón.

Cuando el ángel se fue, Cornelio llamó a dos de sus siervos y a un soldado. El soldado era un hombre de su confianza y adoraba a Dios. Cornelio les contó todo lo que había pasado y luego los envió a Jope. Al día siguiente a eso del mediodía, mientras ellos iban camino a Jope, Pedro subió a la azotea para orar. Tenía hambre y quería comer, pero mientras le estaban preparando la comida, tuvo una visión. Vio que el cielo se abría y bajaba algo parecido a una sábana muy grande sostenida de las cuatro puntas. Dentro de la sábana había toda clase de animales, incluso reptiles y aves. Entonces una voz le dijo:

—Pedro, ¡levántate, mata y come!

Pedro respondió:

—¡Yo no haría eso, Señor! Nunca he comido nada prohibido o impuro.

Pero la voz volvió a decirle:

—No llames prohibido a lo que Dios ha purificado.

Esto sucedió tres veces y de inmediato todo subió otra vez al cielo. Pedro se preguntaba qué quería decir la visión. Mientras tanto, los hombres que Cornelio había mandado estaban frente a la puerta preguntando dónde quedaba la casa de Simón. Llamaron para averiguar si Simón, a quien también llamaban Pedro, estaba hospedado allí. Pedro todavía estaba pensando en la visión, pero el Espíritu le dijo: «Oye, tres hombres te están buscando. Levántate, baja a verlos y ve con ellos sin hacer preguntas, yo los he enviado». Entonces Pedro bajó y les dijo a los hombres:

—Yo soy al que ustedes están buscando, ¿a qué han venido?

Ellos dijeron:

—Un santo ángel le dijo a Cornelio que lo invitara a su casa para poder escuchar lo que usted tenga que decirle. Cornelio es un capitán, un hombre justo que adora a Dios, y todos los judíos lo respetan mucho. Pedro les pidió que entraran y se quedaran a pasar la noche. Al día siguiente, Pedro se fue con los tres hombres y con algunos de los hermanos que vivían en Jope.

LECCIÓN 8
Dios no Hace Acepción de Personas
Hechos 10:24-28, 34-48; 11:19-26

Conversión de Cornelio, Parte 2 (10:24-28)

Al otro día, llegaron a la ciudad de Cesarea. Cornelio los estaba esperando con sus familiares y amigos. Cuando Pedro entró, Cornelio salió a recibirlo, se inclinó a los pies de Pedro y lo adoró. Pero Pedro hizo que se levantara y le dijo:

—¡Levántate! Yo soy tan solo un ser humano.

Mientras hablaban, Pedro entró y vio que se había reunido mucha gente. Pedro les dijo:

—Ustedes saben que no es permitido para los de mi nación reunirse o entrar a la casa de alguien que no sea judío. Pero Dios me ha mostrado que no debo menospreciar ni llamar impuro ni ordinario a nadie.

Mensaje de Pedro en la casa de Cornelio (10:34-43)

Entonces Pedro dijo:

—Ahora entiendo que de verdad para Dios todos somos iguales. Dios no discrimina a nadie, sino que acepta al que le honre y lleve una vida recta. Dios dio su mensaje a los israelitas y les anunció las buenas noticias de paz por medio de Jesucristo, quien es Señor de todos. Ustedes están al tanto de lo que pasó en Judea con Jesús de Nazaret. Todo comenzó en Galilea después del bautismo que anunciaba Juan. Ustedes saben que a Jesús de Nazaret, Dios lo llenó del Espíritu Santo y de poder. Él fue por todas partes haciendo el bien y sanando a los que vivían oprimidos por el diablo. Lo pudo hacer porque Dios estaba con él. Nosotros somos testigos de todo lo que hizo en Judea y en Jerusalén, pero los judíos lo mataron, colgándolo en un madero. Sin embargo, Dios lo resucitó de la muerte al tercer día y lo dio a conocer abiertamente. Pero no a todo mundo, sino sólo a los testigos que Dios había elegido para que lo vieran. Nosotros somos esos testigos, comimos y bebimos con él, después de que resucitó. Jesús nos ordenó anunciar estas buenas noticias a la gente, y nos envió para que diéramos testimonio de que él es el elegido por Dios para ser Juez de vivos y muertos. Todos los profetas dan testimonio de que esto es verdad: al que crea en Jesús se le perdonarán sus pecados por medio de su nombre.

Los no judíos reciben el Espíritu Santo (10:44-48)

Mientras Pedro estaba hablando, el Espíritu Santo cayó sobre los que estaban escuchando el mensaje. Los creyentes judíos que vinieron con Pedro estaban asombrados porque el Espíritu Santo se había derramado como un don sobre los que no eran judíos. Los escuchaban hablar en lenguas y alabar a Dios. Entonces Pedro les dijo:

—¿Puede acaso alguien atreverse a no dejar que estos sean bautizados en agua? Ellos han recibido al Espíritu Santo, al igual que nosotros.

Así que Pedro ordenó que fueran bautizados en el nombre de Jesucristo. Entonces le pidieron a Pedro que se quedara unos días más.

Las buenas noticias llegan a Antioquía (11:19-26)

Después de que mataron a Esteban, los creyentes se dispersaron, tratando de escapar de la persecución. Algunos creyentes se fueron a lugares tan lejanos como Fenicia, Chipre y Antioquía. En esos lugares anunciaron la buena noticia de salvación, pero solamente entre los judíos. Algunos de estos creyentes eran hombres de Chipre y de Cirene. Cuando llegaron a Antioquía empezaron a anunciar también las buenas noticias del Señor Jesús a los que no eran judíos. El Señor los ayudaba, muchos creyeron y decidieron seguir al Señor. La iglesia de Jerusalén escuchó la noticia sobre el nuevo grupo de creyentes de Antioquía. Entonces enviaron a Bernabé desde Jerusalén hasta Antioquía. Cuando él llegó y vio que Dios los estaba bendiciendo, se alegró y los animó a no perder nunca la fe y obedecer de todo corazón al Señor. Bernabé era un buen hombre, lleno del Espíritu Santo y tenía mucha fe. Entonces muchos más se hicieron seguidores del Señor.

Entonces Bernabé fue a la ciudad de Tarso a buscar a Saulo. Cuando encontró a Saulo, Bernabé lo trajo a Antioquía. Saulo y Bernabé se quedaron allí todo un año, reuniéndose con la iglesia y enseñando a gran cantidad de gente. En Antioquía, por primera vez los creyentes fueron llamados cristianos.

LECCIÓN 9

Pedro Escapa de la Cárcel
Hechos 12:1-19; 13:1-12

Herodes persigue a los creyentes (12:1-5)

Por esa misma época, el rey Herodes empezó a perseguir a algunos de la iglesia. Ordenó que mataran a espada a Santiago, el hermano de Juan. Al ver que esto les había gustado a los judíos, Herodes decidió arrestar también a Pedro. Esto pasó durante la fiesta de los Panes sin Levadura. Después de arrestarlo, lo metió en la cárcel custodiado por dieciséis soldados. Herodes quería esperar hasta después de la Pascua, y luego iba a traerlo ante el pueblo para hacerle un juicio. Mientras Pedro permanecía preso, la iglesia oraba constantemente a Dios por él.

Un ángel libera a Pedro (12:6-19)

Pedro estaba atado con dos cadenas y dormía en medio de dos soldados. Había más soldados cuidando la puerta de la cárcel. Era de noche y Herodes había planeado llevar a Pedro ante el pueblo al día siguiente. De pronto, apareció un ángel del Señor. Una luz brilló en la celda, el ángel tocó a Pedro en el costado, lo despertó y le dijo: «¡Levántate rápido!» Entonces las cadenas se cayeron de las manos de Pedro. Luego, el ángel le dijo: «Vístete y ponte las sandalias». Pedro lo hizo y entonces el ángel le dijo: «Ponte la capa y sígueme».

El ángel salió y Pedro fue tras él, sin saber si eso estaba pasando en realidad o si era una visión. Pedro y el ángel pasaron la primera guardia, luego la segunda y llegaron a la puerta de acero que los separaba de la ciudad. La puerta se abrió sola, Pedro y el ángel salieron, caminaron más o menos una cuadra y de repente el ángel desapareció. Pedro entendió lo que había pasado y pensó: «Ahora sé que el Señor me envió de verdad a su ángel. Él me salvó de Herodes. El pueblo judío pensó que me iba a ir mal, pero el Señor me salvó».

Cuando Pedro se dio cuenta de esas cosas, se fue a casa de María, la mamá de Juan, al que también llamaban Marcos. Muchos estaban reunidos allí, orando. Pedro llamó a la puerta de afuera, y una sierva llamada Rode salió a ver quién era. Ella reconoció la voz de Pedro y se puso tan contenta que se le olvidó abrir la puerta. Corrió adentro y les dijo a todos los que estaban allí:

—¡Pedro está en la puerta!

Ellos le dijeron a Rode:

—¡Estás loca!

Pero ella siguió diciendo que era verdad, así que ellos dijeron:

—Debe ser el ángel de Pedro.

Pero Pedro seguía llamando a la puerta. Cuando fueron a abrir la puerta y lo vieron, quedaron atónitos. Él les indicó que se callaran y luego les explicó a todos cómo el Señor lo había sacado de la cárcel. Les dijo:

—Vayan a contarles a Santiago y a los demás hermanos todo lo que pasó.

Entonces Pedro se fue a otro lugar.

Al amanecer, hubo bastante agitación entre los soldados porque no sabían qué había pasado con Pedro. Herodes ordenó buscar a Pedro por todas partes, pero no lo encontró. Interrogó a los guardias y luego ordenó que los mataran.

Misión de Bernabé y Saulo (13:1-3)

Los profetas y maestros de la iglesia de Antioquía eran Bernabé; Simón, también llamado el Negro; Lucio, de la ciudad de Cirene; Manaén, que se había criado con Herodes el gobernante, y Saulo. Un día, mientras ayunaban y adoraban al Señor, el Espíritu Santo dijo: «Aparten a Bernabé y a Saulo para que hagan el trabajo para el cual los he llamado». Entonces ellos ayunaron, oraron e impusieron las manos a Bernabé y Saulo, y luego los despidieron.

Bernabé y Saulo en Chipre (13:4-12)

Así que, enviados por el Espíritu Santo, Bernabé y Saulo llegaron a Seleucia y de ahí viajaron a la isla de Chipre. Al llegar a Salamina, anunciaron el mensaje de Dios en las sinagogas judías y Juan les ayudaba. Recorrieron toda la isla hasta llegar a Pafos, donde conocieron a un judío llamado Barjesús que practicaba la brujería. Este falso profeta siempre estaba cerca del gobernador Sergio Paulo. El gobernador era un hombre inteligente y les pidió a Bernabé y a Saulo que vinieran a visitarlo porque quería escuchar el mensaje de Dios. Pero Elimas el mago, pues así se traduce su nombre, trataba de evitar que el gobernador creyera en Jesús. Pero Saulo, también llamado Pablo, lleno del Espíritu Santo miró fijamente a Elimas y le dijo:

—¡Hijo del diablo! Eres enemigo de todo lo bueno, estás lleno de mentiras y trucos del diablo y siempre tratas de tergiversar el verdadero camino del Señor. Ahora el Señor te castigará y quedarás ciego. Por un tiempo no podrás ver nada, ni siquiera la luz del sol.

En ese mismo instante todo se volvió oscuridad para Elimas. Caminó perdido por los alrededores, tratando de encontrar a alguien que lo guiara de la mano. Cuando vio esto el gobernador creyó, asombrado con la enseñanza del Señor.

LECCIÓN 10

El Concilio de Jerusalén
Hechos 14:26-28; 15:1-12, 22-41

El regreso a Antioquía de Siria (14:26-28)

De allí, fueron en barco hasta Antioquía de Siria, de donde los habían encomendado al generoso amor de Dios para el trabajo que ahora terminaban. Cuando llegaron, reunieron a la iglesia y le contaron todo lo que Dios había hecho con ellos. Les contaron que Dios había abierto una puerta para que los que no son judíos también pudieran creer. Pablo y Bernabé se quedaron allí con ellos por mucho tiempo.

La reunión en Jerusalén (15:1-12)

Algunos hombres llegaron a Antioquía desde Judea. Empezaron a enseñar a los hermanos: «Ustedes no se salvarán si no se circuncidan, como manda la tradición de Moisés». Pablo y Bernabé estaban en contra de esta enseñanza y discutieron mucho con ellos. Por fin se decidió que Pablo, Bernabé y otros fueran a Jerusalén para hablar con los apóstoles y los ancianos líderes acerca de este asunto.

Patrocinados por la iglesia pasaron por las regiones de Fenicia y Samaria, contando detalladamente cómo los que no eran judíos habían creído, lo que era motivo de gran alegría para todos los hermanos en cada lugar. Cuando ellos llegaron a Jerusalén, los apóstoles, los ancianos líderes y toda la iglesia les dieron la bienvenida.

Pablo, Bernabé y los demás les contaron lo que Dios había hecho con ellos. Pero algunos creyentes, partidarios de los fariseos, se pusieron de pie y dijeron:

—Los creyentes que no son judíos tienen que ser circuncidados y obedecer la ley de Moisés.

Los apóstoles y los ancianos líderes se reunieron para hablar de ese asunto. Después de una larga discusión, Pedro se puso de pie y les dijo:

—Hermanos míos, ustedes recuerdan que hace un tiempo Dios me eligió de entre ustedes para anunciarles la buena noticia de salvación a los que no son judíos, para que ellos crean. Dios conoce a todos los seres humanos, incluso lo que piensan, y acepta a los que no son judíos. Lo demostró al darles el Espíritu Santo a ellos, tal como nos lo había dado a nosotros. Dios no hizo distinción entre ellos y nosotros pues les purificó el corazón cuando ellos creyeron. Entonces, ¿por qué están probando a Dios, agobiando a estos seguidores con una carga que ni nosotros ni nuestros antepasados pudimos llevar? Al contrario, creemos que nosotros somos salvos por medio del generoso amor del Señor Jesús y que ellos también se salvarán así.

Entonces todos se quedaron callados y escucharon lo que Pablo y Bernabé les contaron sobre todas las señales milagrosas y maravillas que Dios había hecho por medio de ellos entre los que no son judíos.

La carta para los que no son judíos (15:22-35)

Entonces los apóstoles, los ancianos líderes y toda la iglesia eligieron algunos hombres para que fueran a Antioquía junto con Pablo y Bernabé. Eligieron a Judas, al que le decían Barsabás, y a Silas, a quienes respetaban mucho.

El grupo envió la carta que decía:

De los apóstoles y ancianos líderes, sus hermanos.

Para los hermanos que no son judíos de la ciudad de Antioquía y de las regiones de Siria y Silicia.

Nos hemos enterado de que algunos de los nuestros han ido a ustedes sin nuestra autorización y les han dado enseñanzas que los tienen preocupados y confundidos. Todos nosotros hemos llegado a un acuerdo y decidimos enviarles a ustedes algunos hombres, quienes van con nuestros queridos hermanos, Pablo y Bernabé. Bernabé y Pablo han arriesgado su vida por servir al Señor Jesucristo. Así que enviamos a Judas y a Silas con ellos, quienes les dirán lo mismo. El Espíritu Santo y nosotros consideramos que no deben tener ninguna otra obligación aparte de estas: no coman nada que haya sido ofrecido a los ídolos. Tampoco prueben sangre ni coman carne de animales que hayan sido estrangulados. No cometan ninguna clase de pecado sexual. Estarán obrando bien si se apartan de eso.

Que la pasen bien.

Entonces Pablo, Bernabé, Judas y Silas se fueron de Jerusalén a Antioquía. Allí reunieron al grupo de creyentes y les entregaron la carta. Cuando los creyentes la leyeron, se pusieron felices porque la carta los animó mucho. Judas y Silas, quienes también eran profetas, hablaron mucho con los hermanos. Con sus palabras los animaron y los fortalecieron bastante. Judas y Silas se fueron después de haber estado allí por un tiempo. Los hermanos los despidieron en paz y ellos regresaron a aquellos que los habían enviado. Pero Pablo y Bernabé se quedaron en Antioquía. Ellos y muchos otros enseñaron a los creyentes y anunciaron el mensaje acerca del Señor.

Pablo y Bernabé se separan (15:36-41)

Unos días después, Pablo le dijo a Bernabé: «Hemos anunciado el mensaje del Señor en muchos lugares, volvamos y visitemos a los hermanos para ver cómo les ha ido». Bernabé quería llevar con ellos a Juan Marcos, pero Pablo pensaba que no era bueno llevarlo porque Juan Marcos los había abandonado en Panfilia y no había seguido trabajando con ellos. Pablo y Bernabé tuvieron un fuerte desacuerdo hasta tal punto que dejaron de trabajar juntos. Bernabé se fue con Marcos en barco hacia Chipre. Pablo, encomendado por los hermanos al cuidado del Señor, eligió a Silas y se fue con él. Pablo y Silas fueron por las regiones de Siria y Cilicia fortaleciendo a las iglesias.

LECCIÓN 11

El Testimonio de Pablo en Filipos
Hechos 16:6-40

Visión de Pablo (16:6-10)

Como el Espíritu Santo no los dejó comunicar el mensaje en Asia, Pablo y los que estaban con él viajaron por la región de Frigia y Galacia. Cuando llegaron a la frontera de Misia, trataron de entrar a la región de Bitinia, pero el Espíritu de Jesús no los dejó. Por esta razón pasaron de largo a Misia y llegaron a Troas. Esa noche Pablo tuvo una visión en la que un hombre de Macedonia estaba de pie rogándole: «Pasa a Macedonia y ayúdanos». Después de que Pablo tuvo la visión, nos preparamos enseguida para irnos a Macedonia. Teníamos la seguridad de que Dios nos llamaba a anunciar a aquella gente la buena noticia de salvación.

Conversión de Lidia (16:11-15)

Salimos de Troas en barco y nos dirigimos directamente a la isla de Samotracia. Al día siguiente nos embarcamos para Neápolis y de allí fuimos a Filipo, una colonia romana y ciudad importante de esa parte de Macedonia. Allí nos quedamos algunos días. En el día de descanso fuimos al río por la puerta de la ciudad porque pensamos que junto al río podríamos encontrar un lugar de oración de los judíos. Algunas mujeres estaban reunidas allí y nos sentamos a hablar con ellas. Una de ellas se llamaba Lidia, era de la ciudad de Tiatira y vendía tela de púrpura. Ella adoraba a Dios y nos estaba escuchando. El Señor abrió su corazón para que pusiera atención a lo que Pablo decía. Entonces ella y todos los de su casa se bautizaron. Luego ella nos invitó a su casa y dijo: «Si ustedes piensan que yo soy una verdadera creyente del Señor Jesús, entonces vengan a quedarse en mi casa». Ella nos convenció y nos quedamos en su casa.

Pablo y Silas en la cárcel (16:16-40)

Una vez, mientras íbamos al lugar de oración, una esclava nos salió al encuentro. Tenía un espíritu de adivinación que le daba el poder de decir lo que iba a pasar en el futuro. Haciendo eso, había ganado mucho dinero para sus dueños. Ella nos seguía a nosotros y a Pablo, gritando:

—¡Estos hombres son siervos del Dios Altísimo! ¡Les están diciendo cómo se pueden salvar!

Ella hizo eso por muchos días, hasta que Pablo no soportó más y entonces se dio vuelta y le dijo al espíritu:

—¡Por el poder de Jesucristo, te ordeno que salgas de ella!

De inmediato, el espíritu salió de ella.

Al ver los dueños de la esclava que se les había esfumado el negocio, agarraron a Pablo y a Silas y los llevaron a las autoridades en la plaza principal de la ciudad. Cuando los presentaron ante las autoridades, les dijeron:

—Estos judíos están alborotando nuestra ciudad.

Están enseñando costumbres que nosotros, como ciudadanos romanos, no podemos aceptar ni practicar.

La multitud se unió en contra de Pablo y Silas. Las autoridades rasgaron las ropas de Pablo y Silas y ordenaron que los azotaran con varas. Después de azotarlos mucho, las autoridades los echaron a la cárcel y le dijeron al carcelero que los vigilara muy bien. El carcelero, al escuchar la orden, los llevó bien adentro de la cárcel y les aseguró los pies en el cepo. A la media noche, Pablo y Silas estaban orando y cantando canciones a Dios, y los otros prisioneros los escuchaban. De pronto, hubo un temblor de tierra muy grande, tan fuerte que los cimientos de la cárcel temblaron con fuerza. Entonces todas las puertas de la cárcel se abrieron y las cadenas de los presos se soltaron. El carcelero se despertó y vio que las puertas de la cárcel estaban abiertas. Pensó que los prisioneros se habían escapado y tomó su espada para quitarse la vida, pero Pablo le gritó:

—¡No te hagas daño! ¡Todos estamos aquí! El carcelero le dijo a alguien que trajera luz, corrió adentro y temblando de miedo cayó delante de Pablo y Silas. Entonces los llevó afuera y les dijo:

—¿Qué debo hacer para ser salvo?

Le respondieron:

—Cree en el Señor Jesús y serás salvo tú y todos los de tu casa.

Pablo y Silas les anunciaron el mensaje del Señor al carcelero y a todos los de su casa. A esas horas de la noche, el carcelero los llevó y les lavó las heridas. Inmediatamente fueron bautizados él y todos los de su casa. Después de esto, el carcelero llevó a su casa a Pablo y a Silas y les dio de comer. Él y toda su familia festejaron porque ahora creían en Dios. Temprano en la mañana, las autoridades enviaron unos guardias a decirle al carcelero: «Suelta a esos hombres». El carcelero le dijo a Pablo:

—Las autoridades han ordenado su libertad. Así que salgan ahora y váyanse en paz.

Pero Pablo les dijo a los guardias:

—Las autoridades ordenaron que nos azotaran públicamente sin haber comprobado que hayamos cometido algún delito. Aunque somos ciudadanos romanos, nos echaron en la cárcel y ahora quieren que nos vayamos sin decir nada. ¡Nada de eso! Que vengan ellos mismos a sacarnos.

Los guardias informaron a las autoridades lo que Pablo había dicho. Cuando las autoridades se enteraron de que Pablo y Silas eran ciudadanos romanos, tuvieron miedo. Así que fueron a hablar con Pablo y Silas, les ofrecieron disculpas, los sacaron de la cárcel y les pidieron que se fueran de la ciudad. Cuando Pablo y Silas salieron de la cárcel fueron a la casa de Lidia, donde vieron a los creyentes y les dieron mucho ánimo. Luego partieron de allí.

LECCIÓN 12

De Viaje Otra Vez
Hechos 17:1-34

Pablo y Silas en Tesalónica (17:1-9)

Después de que Pablo y Silas viajaron por las ciudades de Anfípolis y Apolonia, llegaron a Tesalónica, donde había una sinagoga judía. Pablo fue a la sinagoga para ver a los judíos, como era su costumbre. Durante tres sábados, Pablo discutió con ellos acerca de las Escrituras. Les explicó que las Escrituras demostraban que el Mesías tenía que morir y después resucitar. Les decía: «Este Jesús, del que les hablo, es el Mesías». Algunos de los judíos fueron convencidos y se unieron a Pablo y a Silas junto con muchos griegos. También se les unieron muchas mujeres importantes. Pero los judíos que no creían sintieron envidia y contrataron en la calle a unos delincuentes que formaron un grupo y provocaron un alboroto en la ciudad. Asaltaron la casa de Jasón buscando a Pablo y a Silas para llevarlos ante la asamblea popular. Como no los encontraron, arrastraron a Jasón y a otros creyentes y los llevaron ante las autoridades de la ciudad. Toda la gente gritaba: «¡Estos hombres han causado problemas en todo el mundo y ahora han venido a causar problemas aquí! Se hospedan en casa de Jasón y hacen todo lo que está en contra de los decretos del emperador, diciendo que hay otro rey llamado Jesús». Al oír esto, la multitud y las autoridades de la ciudad se inquietaron mucho. Hicieron que Jasón y los demás creyentes pagaran una multa, y los soltaron.

Pablo y Silas en Berea (17:10-15)

Esa misma noche, los creyentes enviaron a Pablo y a Silas a la ciudad de Berea. Cuando llegaron allí, fueron a la sinagoga judía. Los de Berea eran más receptivos que los de Tesalónica y estuvieron más dispuestos a escuchar a Pablo y a Silas. Estudiaban las Escrituras todos los días porque querían saber si era verdad lo que Pablo y Silas decían. Entonces muchos de los judíos creyeron y también muchas mujeres griegas importantes y sus esposos. Pero cuando los judíos de Tesalónica supieron que Pablo estaba también en Berea, anunciando el mensaje de Dios, fueron también allí a alborotar a la gente y a causar problemas. Pero los hermanos, actuando con rapidez, enviaron a Pablo a la costa, y Silas y Timoteo se quedaron en Berea. Los que acompañaron a Pablo, lo llevaron a la ciudad de Atenas. Estos hermanos volvieron con instrucciones de Pablo para que Silas y Timoteo fueran lo más pronto posible a donde él estaba.

Pablo en Atenas (17:16-34)

Mientras Pablo esperaba a Silas y a Timoteo en Atenas, le dolió mucho ver que la ciudad estaba llena de ídolos. Habló en la sinagoga con los judíos y con los que no eran judíos que creían en el Dios verdadero. También hablaba diariamente con la gente que estaba en la plaza de mercado de la ciudad. Algunos filósofos epicúreos y estoicos empezaron a discutir con él. Unos decían: «¿Qué es lo que dice ese charlatán?» Otros decían: «Parece que está hablando de otros dioses» porque Pablo estaba hablando de «Jesús» y de la «Resurrección». Entonces llevaron a Pablo a una reunión del Concejo de la ciudad y le dijeron:

—Queremos que nos expliques esta nueva enseñanza que estás presentando. Lo que dices es nuevo para nosotros, nunca habíamos escuchado eso antes y queremos saber qué significan estas nuevas enseñanzas. Todos los atenienses y los inmigrantes que vivían allí ocupaban siempre su tiempo escuchando o hablando de las ideas nuevas que surgían.

Entonces Pablo se levantó ante la reunión del Concejo de la ciudad y dijo:

—Atenienses, me doy cuenta de que ustedes son muy religiosos en todo. Al pasar por la ciudad, vi todos sus santuarios y hasta encontré un altar que tenía escrito: "Al Dios no conocido". Yo les hablo de ese que ustedes adoran sin conocerlo. »Es el Dios que hizo el mundo y todo lo que hay en él. Puesto que él es Señor del cielo y de la tierra, no vive en templos construidos por manos humanas. Él no necesita nada de los seres humanos; al contrario, les da a todos vida, aire y todo lo necesario. De un solo hombre Dios creó todos los distintos seres humanos para que habitaran en todo el mundo y determinó cuándo y dónde debían vivir. Dios quería que la humanidad lo buscara y, aunque fuera a tientas, lo encontrara. Pero en realidad, Dios no está lejos de ninguno de nosotros: "En él vivimos, nos movemos y existimos". Como dicen sus poetas: "Porque somos sus descendientes".

»Puesto que somos descendientes de Dios, no debemos creer que Dios es algo que la gente imagina o inventa. Él no es una imagen de oro, plata ni piedra. En el pasado, la gente no entendía a Dios y él pasó por alto esa época de ignorancia. Sin embargo, ahora ordena a todo ser humano que cambie su manera de pensar y de vivir. Dios ha fijado una fecha en la cual juzgará a todos con justicia y lo hará por medio del hombre que él ha elegido y resucitado como prueba para todos».

Cuando escucharon eso de la resurrección, algunos de ellos se burlaban, pero otros dijeron:

—Ya te escucharemos en otra ocasión.

Entonces Pablo se fue de allí. Pero algunos creyeron lo que Pablo decía y lo siguieron. Entre ellos estaban Dionisio, miembro del Concejo de la ciudad, una mujer llamada Dámaris y otros más.

LECCIÓN 13

Enseñando y Predicando
Hechos 18:1-11, 18-28

Pablo en Corinto (18:1-11)

Después, Pablo se fue de Atenas para la ciudad de Corinto. Allí conoció a un judío llamado Aquila, quien había nacido en la región del Ponto, pero que junto con su esposa Priscila, se habían ido a vivir a Corinto hacía poco tiempo. Antes vivían en Italia y se habían ido de allí porque Claudio había ordenado que todos los judíos tenían que irse de Roma. Pablo fue a verlos, porque ellos fabricaban carpas, al igual que él, y por eso se quedó trabajando con ellos. Cada día de descanso, Pablo hablaba en la sinagoga con los judíos y con los griegos para tratar de convencerlos de creer en Jesús.

Cuando Silas y Timoteo vinieron de Macedonia, Pablo estaba dedicado completamente a anunciar el mensaje a los judíos. Les demostraba que Jesús es el Mesías. Pero los judíos se pusieron en contra de él y lo insultaron. Entonces Pablo se sacudió el polvo de la ropa en señal de protesta y les dijo:

—Si no se salvan no será por culpa mía, yo he hecho todo lo que he podido. De ahora en adelante me dirigiré solamente a los que no son judíos.

Pablo salió de la sinagoga y fue a quedarse en la casa de Ticio Justo, quien adoraba al Dios verdadero y vivía al lado de la sinagoga. Crispo, el dirigente de la sinagoga, y todos los que vivían en su casa, creían en el Señor Jesús. Mucha gente de Corinto oyó a Pablo, creyó y fue bautizada. Una noche, el Señor le dijo a Pablo en una visión: «No tengas miedo; sigue hablándole a la gente y no te calles, porque yo estoy contigo. Nadie podrá atacarte ni hacerte daño porque tengo mucha gente en esta ciudad». Así que Pablo se quedó allí por año y medio, enseñándoles la palabra de Dios.

Pablo regresa a Antioquía (18:18-23)

Pablo se quedó con los hermanos muchos días más. Luego se fue de allí y se embarcó hacia Siria con Priscila y Aquila. En Cencrea, Pablo se cortó el cabello porque había hecho una promesa a Dios. Cuando llegaron a la ciudad de Éfeso, Pablo dejó a Priscila y Aquila, fue a la sinagoga y habló con los judíos. Ellos le pidieron a Pablo que se quedara más tiempo, pero él no quiso. Cuando se iba, Pablo les dijo: «Si Dios quiere, volveré a estar con ustedes». Entonces Pablo salió de Éfeso en barco. Pablo desembarcó en Cesarea y se fue a Jerusalén a saludar a la iglesia. Luego se dirigió a Antioquía y allí se quedó un tiempo. Después recorrió las regiones de Galacia y Frigia, consolidando a todos los nuevos seguidores del Señor.

Apolos en Éfeso y Acaya (18:24-28)

Un judío de Alejandría llamado Apolos llegó a Éfeso. Tenía buena educación y sabía mucho de las Escrituras. Apolos había recibido instrucción en el Camino del Señor, y cada vez que hablaba de Jesús lo hacía con mucho fervor. Lo que él enseñaba acerca de Jesús era correcto, pero sólo conocía el bautismo de Juan. Apolos empezó a hablar libremente en la sinagoga. Cuando Priscila y Aquila lo escucharon, lo llevaron aparte y le explicaron mejor el camino de Dios. Apolos quería ir a la región de Acaya y los creyentes lo animaron a hacerlo. Escribieron a los seguidores de allá para que lo recibieran bien. Cuando llegó allí, ayudó mucho a los que habían creído gracias al generoso amor de Dios.

Apolos tuvo un debate público con los judíos y los derrotó porque demostró vigorosamente con las Escrituras que Jesús es el Mesías.

LECCIÓN 14

Disturbios y Milagros
Hechos 19:1-12, 23-41; 20:7-12

Pablo en Éfeso (19:1-12)

Mientras Apolos estaba en la ciudad de Corinto, Pablo visitó algunos lugares camino a la ciudad de Éfeso. Allí Pablo encontró a algunos seguidores del Señor y les preguntó:

—Cuando ustedes creyeron, ¿recibieron el Espíritu Santo?

Los seguidores le dijeron:

—Nosotros ni siquiera hemos escuchado que hay un Espíritu Santo.

Pablo les preguntó:

—¿Qué clase de bautismo tuvieron ustedes?

Ellos le dijeron:

—El bautismo que Juan enseñó.

Pablo les dijo:

—Juan le dijo a la gente que se bautizara para demostrar que ellos querían cambiar su vida. Les dijo que creyeran en Jesús, el que vendría después de él.

Al escuchar eso fueron bautizados en el nombre del Señor Jesús. Cuando Pablo les impuso las manos, el Espíritu Santo llegó a ellos. Empezaron a hablar en lenguas y a decir profecías. Eran como doce hombres en total. Durante tres meses, Pablo fue a la sinagoga y habló con valentía, discutiendo y tratando de convencerlos de lo que él estaba diciendo acerca del reino de Dios. Sin embargo, algunos fueron tercos y no quisieron creer, y le hablaron mal del Camino a toda la gente. Entonces Pablo los dejó y se fue con los seguidores de Jesús a una escuela de un hombre llamado Tirano. Allí Pablo todos los días mantenía un diálogo con la gente. Así continuó durante dos años, de manera que todos los de la región de Asia, judíos o griegos, escucharon el mensaje del Señor. Dios hacía grandes milagros por medio de Pablo. Por ejemplo, algunos se llevaban paños y ropa que Pablo había usado para ponerlos sobre los enfermos y al hacerlo, sanaban y los espíritus malignos salían de ellos.

Problemas en Éfeso (19:23-41)

Pero en ese tiempo hubo un gran disturbio por causa del Camino. Había un hombre llamado Demetrio que trabajaba la plata. Él hacía en plata pequeños modelos del templo de la diosa Artemisa y daba buenas ganancias a los artesanos que trabajaban con él. Demetrio organizó una reunión con ellos y otros más que trabajaban en el mismo oficio. Les dijo: «Ustedes saben que nosotros ganamos mucho dinero con nuestro trabajo, pero como pueden ver y oír, ese tal Pablo ha hecho cambiar la manera de pensar de muchos en Éfeso y en toda la región de Asia. Pablo dice que los dioses que el hombre hace no son verdaderos. Eso no sólo puede quitarle importancia a nuestro trabajo, sino también hacer que se acabe la fama del templo de la gran diosa Artemisa. Se corre peligro de que se destruya la grandeza de la diosa que se adora en toda Asia y en el mundo entero».

Al oír esto, se pusieron furiosos y gritaban: «¡Viva Artemisa, diosa de los efesios!» La ciudad se llenó de confusión. Agarraron a Gayo y a Aristarco, dos hombres de Macedonia que iban con Pablo, y todos fueron corriendo al teatro. Pablo quería entrar para hablar con la gente, pero los seguidores no lo dejaron. También algunos de los líderes de la región que eran amigos de Pablo le mandaron el mensaje de que no entrara al teatro.

Algunos gritaban una cosa y otros otra. Había mucha confusión y la mayoría de la gente no sabía a qué había ido allí. Los judíos obligaron a Alejandro a colocarse en frente de la gente, entonces él con una señal de su mano pidió silencio porque quería explicarle todo a la gente, pero cuando supieron que era judío, todos empezaron a gritar lo mismo por dos horas más, diciendo: «¡Viva Artemisa, diosa de los efesios!» Cuando el secretario del concejo municipal pudo calmar a la gente, dijo: «Ciudadanos de Éfeso, todos saben que Éfeso es la ciudad que custodia el gran templo de la diosa Artemisa. Todos saben también que nosotros custodiamos su piedra santa. Nadie puede decir que eso no es verdad, así que deberían callarse y pensar bien antes de hacer cualquier cosa. Ustedes trajeron a estos hombres, pero ellos no han dicho nada en contra de nuestra diosa ni se han robado nada de su templo. Nosotros tenemos tribunales y jueces, así que si Demetrio y los que trabajan con él tienen alguna acusación en contra de alguien, entonces deben ir a demandarlo al tribunal. Si tienen algún otro asunto qué discutir, entonces vengan a las reuniones normales de los ciudadanos, donde se podrá tomar una decisión. Con lo que ha pasado hoy, corremos el peligro de ser acusados de estar fomentando revueltas, ya que no tenemos ninguna explicación para justificar este alboroto». Después de decir esto, hizo terminar la reunión y todos se dispersaron.

Última visita de Pablo a Troas (20:7-12)

El domingo nos reunimos todos para comer la Cena del Señor. Pablo tenía pensado irse al día siguiente. Él tomó la palabra y les habló hasta la media noche. Estábamos todos en el piso de arriba y había muchas lámparas en el cuarto. Un joven llamado Eutico estaba sentado en una ventana. Pablo hablaba y a Eutico le dio mucho sueño hasta que se quedó dormido y se cayó por la ventana desde un tercer piso. Cuando fueron a levantarlo ya estaba muerto.

Pablo bajó a donde estaba Eutico, se arrodilló, lo abrazó y les dijo:
—No se preocupen, él está vivo.
Pablo subió de nuevo, partió el pan y comió, siguió hablando hasta el amanecer y después se fue. Llevaron vivo a Eutico a su casa y todos se animaron mucho.

LECCIÓN 15

La Asombrosa Carrera de Pablo
Hechos 20:17-24, 32-38; 21:17-19

Pablo y los líderes de Mileto (20:17-24, 32-38)

Estando en Mileto, Pablo mandó llamar allí a los ancianos líderes de la iglesia de Éfeso. Cuando llegaron, les dijo: «Ustedes saben de mi vida desde el primer día en que vine a Asia y vieron cómo viví todo el tiempo mientras estuve con ustedes. He trabajado para el Señor con humildad y con lágrimas, corriendo el riesgo de caer en los atentados que los judíos han tendido contra mí. Siempre hice lo que era mejor para ustedes y les anuncié el mensaje públicamente y en privado. Les dije a todos, judíos y no judíos, que cambiaran su manera de pensar y de vivir, que se acercaran a Dios y que creyeran en el Señor Jesús.

»Pero ahora debo obedecer al Espíritu e ir a Jerusalén. No sé qué me va a pasar allí. Lo único que sé es que el Espíritu Santo me dice en cada ciudad que en Jerusalén me esperan sufrimientos y hasta la cárcel. No me importa mi propia vida. Lo más importante es que yo termine el trabajo que el Señor Jesús me dio: dar testimonio de las buenas noticias acerca del generoso amor de Dios.

»Ahora los encomiendo a Dios y al mensaje de su generoso amor, el cual puede fortalecerlos y darles la herencia que Dios le da a todos los que él ha hecho formar parte de su pueblo santo. Nunca he querido la plata ni el oro ni la ropa de nadie. Ustedes bien saben que yo mismo trabajé para atender mis necesidades y las de los que estaban conmigo. Siempre les mostré que deben trabajar así y ayudar a los débiles. Les recordé esto que dijo el Señor Jesús: "Uno es más afortunado cuando da que cuando recibe"».

Cuando Pablo terminó de hablar, se arrodilló y oró con todos ellos. Lloraban mucho, abrazándolo y besándolo. Estaban muy tristes debido a que Pablo había dicho que no lo volverían a ver. Luego lo acompañaron hasta el barco.

Pablo visita a Santiago (21:17-19)

Cuando llegamos a Jerusalén, los creyentes que vivían allí se alegraron de recibirnos. Al día siguiente, Pablo fue con nosotros a visitar a Santiago. Todos los ancianos líderes también estaban allí. Después de saludarlos, Pablo les contó detalladamente todo lo que Dios, por medio de su trabajo, había hecho con los que no eran judíos.

LECCIÓN 16

Esta es mi Historia
Hechos 21:26--22:3, 17-29

Arresto de Pablo (21:26-40)

Así que Pablo se llevó a los hombres con él, y al día siguiente compartió con ellos la ceremonia de purificación. Después fue al templo para avisar cuándo terminarían los días de purificación. En el último día se daría una ofrenda por cada uno de ellos. Cuando estaban por cumplirse los siete días, algunos judíos de Asia vieron a Pablo en el área del templo. Alborotaron a la multitud y lo agarraron. Gritaban: «¡Israelitas, ayúdennos! Este es el que está enseñando en todas partes contra nuestro pueblo, contra la ley y contra este lugar. Y ahora ha traído a algunos griegos al área del templo, contaminando este lugar santo». Decían esto porque habían visto antes en Jerusalén a Pablo con Trófimo de Éfeso y pensaban que Pablo lo había metido al área del templo.

Toda la ciudad se alborotó, corrieron y agarraron a Pablo. Lo arrastraron fuera del área del templo y cerraron inmediatamente las puertas del templo. Estaban a punto de matarlo, cuando el comandante del ejército romano en Jerusalén se enteró de que había agitación en toda la ciudad. Entonces fue de inmediato, junto con algunos capitanes y soldados, a donde estaba la gente. Cuando vieron al comandante del ejército y a los soldados, dejaron de golpear a Pablo.

Entonces el comandante se acercó a Pablo, lo arrestó y ordenó que le pusieran dos cadenas. Después preguntó: «¿Quién es este hombre? ¿Qué ha hecho de malo?» Pero entre la multitud unos gritaban una cosa y otros otra. Como el comandante no sabía cuál era la verdad, porque había mucha confusión, ordenó a los soldados que llevaran a Pablo al cuartel. Al llegar a las escaleras, debido a la violencia de la multitud los soldados tuvieron que cargar a Pablo. La gente los seguía y gritaba enfurecida: «¡Mátenlo!»

Cuando los soldados estaban listos para llevarlo al cuartel, Pablo le preguntó al comandante:

—¿Puedo hablarle?

El comandante dijo:

—¿Sabes griego? Entonces no eres el hombre que yo pensé que eras. Creí que eras el egipcio que comenzó una revuelta hace un tiempo y que se llevó al desierto a cuatro mil terroristas.

Pablo dijo:

—No, yo soy un judío de Tarso de Cilicia y ciudadano de esa importante ciudad. Permítame hablarle al pueblo.

El comandante lo dejó hablar. Pablo se puso de pie en las escaleras e indicó con la mano que todos guardaran silencio. Cuando se callaron, Pablo les habló en arameo:

Pablo habla al pueblo (22:1-3, 17-29)

«Compatriotas y respetados líderes, ¡escúchenme! Voy a hablarles en mi defensa».

Cuando lo escucharon hablando en arameo, guardaron completo silencio. Pablo continuó:

«Soy judío, nacido en Tarso de Cilicia, pero fui criado en esta ciudad. Fui estudiante de Gamaliel, quien me enseñó cuidadosamente acerca de la ley de nuestros antepasados. He procurado vivir sirviendo fielmente a Dios, lo mismo que todos ustedes los que están aquí.

»Más tarde, regresé a Jerusalén. Estaba orando en el área del templo y tuve una visión. Vi al Señor diciéndome: "Apúrate, sal de Jerusalén de inmediato, porque no aceptarán tu testimonio acerca de mí". Yo dije: "Pero Señor, ellos saben que yo fui a las sinagogas para arrestar y azotar a los que creen en ti. Y cuando mataron a Esteban, tu testigo, yo estaba presente y estuve de acuerdo con que lo mataran. Hasta cuidé las túnicas de los que lo estaban matando". Pero el Señor me dijo: "Vete ahora, te enviaré muy lejos a donde están los que no son judíos"».

La gente dejó de escuchar cuando Pablo dijo estas últimas palabras. Entonces empezaron a gritar: «¡Acaben con él! ¡Un tipo de esos no debe vivir!» Ellos gritaban y se quitaban sus túnicas, arrojando polvo al aire. Entonces el comandante del ejército les dijo a los soldados que llevaran a Pablo al cuartel. Además les ordenó que lo azotaran porque quería hacer que Pablo le dijera por qué la gente le estaba gritando de esa forma. Pero cuando los soldados lo estaban atando para azotarlo, Pablo le dijo a un capitán:

—¿Tienen ustedes autoridad para azotar a un ciudadano romano que no ha sido declarado culpable?

Cuando el capitán oyó esto, fue a ver al comandante y le dijo:

—¿Sabe usted lo que está haciendo? Este hombre es un ciudadano romano.

El comandante se acercó a Pablo y le preguntó:

—Dime, ¿eres ciudadano romano?

Pablo respondió:

—Sí.

El capitán dijo:

—A mí me costó mucho dinero obtener la ciudadanía romana.

Pero Pablo dijo:

—Yo soy ciudadano romano de nacimiento.

Los que se estaban preparando para interrogar a Pablo se alejaron de él de inmediato. Hasta el comandante tuvo miedo porque se dio cuenta de que Pablo era ciudadano romano y él ya lo había atado.

LECCIÓN 17

Un Juramento de Muerte
Hechos 22:30--23:24, 31-35

Pablo les habla a los líderes judíos (22:30--23:11)

Al día siguiente, el comandante del ejército decidió averiguar con exactitud de qué acusaban los judíos a Pablo. Entonces les ordenó a los jefes de los sacerdotes y a todo el Consejo que se reunieran. El comandante lo soltó y llevó a Pablo a la reunión ante todos ellos. Pablo fijó la mirada en los asistentes a la reunión del Consejo y dijo:

—Hermanos, he vivido toda mi vida ante Dios como ciudadano de bien, con mi conciencia limpia. Entonces Ananías, el sumo sacerdote, les ordenó a los que estaban allí cerca de Pablo, que lo golpearan en la boca. Entonces Pablo le dijo a Ananías:

—Dios lo golpeará también a usted, porque usted es como una pared sucia que ha sido blanqueada. Se sienta allí y me juzga según la ley, pero les dice que me golpeen y eso es contra la ley. Los que estaban cerca de Pablo le dijeron:

—Estás insultando al sumo sacerdote de Dios.

Pablo dijo:

—Hermanos, yo no sabía que este hombre era el sumo sacerdote. Está escrito: "No hables mal del líder de tu pueblo". Cuando Pablo se dio cuenta de que algunos hombres que estaban en la reunión eran saduceos y otros eran fariseos, gritó:

—Hermanos, soy un fariseo, hijo de un fariseo. Estoy en juicio porque creo en la resurrección de los muertos. Cuando Pablo dijo esto, hubo una discusión muy fuerte entre los saduceos y los fariseos. El Consejo se dividió. Los saduceos creen que no hay vida después de la muerte, y que no hay ángeles ni espíritus, pero los fariseos sí creen en todo eso. Se produjo una fuerte discusión entre los judíos. Algunos maestros de la ley que eran fariseos se pusieron de pie y dijeron:

—No encontramos nada de malo en este hombre. A lo mejor un ángel o un espíritu le habló.

La discusión se convirtió en una pelea. El comandante del ejército tuvo temor de que hicieran pedazos a Pablo. Entonces les ordenó a los soldados que bajaran, que sacaran a Pablo de allí y que se lo llevaran al cuartel. A la noche siguiente, el Señor se le apareció a Pablo y le dijo: «¡Sé valiente! Tú has dado testimonio acerca de mí en Jerusalén y tendrás que ir también a Roma a hacer lo mismo».

Planean matar a Pablo (23:12-22)

A la mañana siguiente algunos judíos hicieron un plan y se comprometieron entre ellos a no comer ni beber nada hasta no haber matado a Pablo. Eran más de cuarenta los que se comprometieron a esto. Ellos fueron y hablaron con los jefes de los sacerdotes y los ancianos líderes y les dijeron:

—Hemos hecho el compromiso entre nosotros de no comer ni beber nada hasta no haber matado a Pablo. Esto es lo que queremos que ustedes hagan: envíen un mensaje de parte de ustedes y del Consejo, en el que le pidan al comandante del ejército que traiga a Pablo ante ustedes para hacerle más preguntas. Nosotros estaremos esperando a Pablo para matarlo en el camino. Pero el sobrino de Pablo se enteró del plan y fue al cuartel y se lo contó todo. Entonces Pablo llamó a uno de los capitanes y le dijo:

—Lleva a este joven ante el comandante porque tiene un mensaje para él.

Entonces el capitán llevó al sobrino de Pablo ante el comandante y le dijo:

—El prisionero Pablo me pidió que le trajera a este joven porque tiene algo que decirle. El comandante llevó al joven aparte y le preguntó:

—¿Qué tienes que decirme?

El joven dijo:

—Los judíos decidieron pedirle que lleve a Pablo mañana a la reunión del Consejo. Quieren que usted crea que desean hacerle más preguntas. Pero, no les crea. Hay más de cuarenta hombres escondidos, esperando para matar a Pablo. Ellos han prometido no comer ni beber nada hasta matarlo, y esperan que usted acepte la petición. El comandante le dijo al joven que se fuera y le ordenó que no le dijera a nadie que le había informado todo esto.

Pablo es enviado a Cesarea (23:23-24; 23:31-35)

Entonces el comandante del ejército llamó a dos capitanes y les dijo:

—Alisten doscientos soldados de infantería, setenta de caballería y doscientos lanceros para que salgan para Cesarea esta noche a las nueve. Traigan unos caballos para llevar a Pablo sano y salvo ante el gobernador Félix.

Los soldados obedecieron las órdenes y esa noche llevaron a Pablo a la ciudad de Antípatris. Al día siguiente, ellos regresaron a la fortaleza y los de caballería siguieron el viaje con Pablo. Cuando los soldados de caballería llegaron a Cesarea, le dieron la carta al gobernador y le entregaron a Pablo. El gobernador leyó la carta y le preguntó a Pablo: «¿De qué provincia eres?» Al saber que Pablo era de Cilicia, le dijo: «Escucharé tu caso cuando los que te acusaron lleguen también aquí». Entonces el gobernador dio órdenes de que mantuvieran a Pablo en el palacio que fue construido por Herodes.

LECCIÓN 18

El Testimonio Viviente de Pablo
Hechos 25:23-26:32

Pablo ante el rey Agripa (25:23-26:23)

Entonces al día siguiente Agripa y Berenice vinieron con gran pompa. Entraron al tribunal junto con los jefes militares y la gente importante de la ciudad. Festo ordenó que trajeran a Pablo, y entonces dijo:

—Rey Agripa y todos los presentes, aquí tienen a Pablo. Los judíos de aquí y de Jerusalén han presentado una demanda contra él, pidiendo a gritos la pena de muerte. Sin embargo, yo no encuentro en él ningún delito que merezca la muerte. Él mismo ha pedido ser juzgado por el emperador, así que decidí enviarlo a Roma. Pero yo en realidad no tengo nada concreto qué escribirle al emperador. Así que lo he traído ante ustedes, y en especial ante ti, rey Agripa, para que lo interrogues y así yo tenga qué escribir. Pienso que no tiene sentido enviar un prisionero sin tener de qué acusarlo.

Agripa le dijo a Pablo:

—Ahora puedes hablar para defenderte.

Entonces Pablo tomó la palabra y empezó así su defensa:

—Rey Agripa, me siento afortunado de poder presentar hoy mi defensa ante usted contra todas las acusaciones que los judíos han hecho. Me complace poder hablar ante usted porque conoce las costumbres y discusiones de los judíos. Por favor, escúcheme con paciencia. »Todos los judíos saben cómo he vivido en mi país y en Jerusalén desde que era joven. Me conocen desde hace mucho tiempo y pueden testificar, si quieren, que yo era un buen fariseo. Los fariseos son el grupo más estricto de nuestra religión. Ahora estoy en un juicio porque espero la promesa que Dios les hizo a nuestros antepasados. Es la promesa que hoy todo nuestro pueblo, descendiente de las doce tribus, espera recibir adorando a Dios de día y de noche. Y por esa esperanza, oh rey, me acusan los judíos. ¿Por qué creen ustedes que es imposible para Dios resucitar a los muertos? »Yo también creía que tenía que hacer todo lo que pudiera en contra del nombre de Jesús de Nazaret. Eso fue lo que hice en Jerusalén, en donde con autorización de los jefes de los sacerdotes mandé meter en la cárcel a muchos creyentes. Cuando los mataban yo estaba de acuerdo y en todas las sinagogas yo hacía todo lo posible para obligarlos a renegar de su fe. Mi furia contra ellos era tal que llegué hasta el extremo de viajar a otras ciudades para encontrarlos y hacerles daño. »En una ocasión, los jefes de los sacerdotes me dieron autorización para ir a Damasco. Al medio día, mientras iba por el camino, vi, oh rey, una luz que nos iluminaba a mí y a los que venían conmigo. La luz venía del cielo y era más brillante que el sol. Todos nosotros caímos al suelo y oí una voz que decía en arameo: "Saulo, Saulo ¿por qué me persigues? Lo único que logras al tratar de luchar contra mí es hacerte daño". Yo dije: "¿Quién eres, Señor?" El Señor dijo: "Soy Jesús, a quien tú persigues. Levántate, hoy me he aparecido ante ti porque te he elegido para que seas mi siervo y para que seas testigo de lo que has visto y de lo que te voy a mostrar. Te rescataré de tus compatriotas y de los extranjeros, a los cuales te envío ahora. Tu misión será abrirles los ojos para que salgan de la oscuridad y entren a la luz; para que pasen del poder de Satanás al poder de Dios. Así conseguirán el perdón de sus pecados y un lugar junto a todos aquellos que se han purificado por la fe que tienen en mí".

Así que, Rey Agripa, después de tener esta visión del cielo, no la rechacé. Al contrario, empecé a decirle primero a la gente de Damasco, luego a la de Jerusalén y a la de todas partes en la región de Judea, y también a los que no son judíos, que deberían cambiar su vida, volverse a Dios y demostrar con sus obras que en realidad habían cambiado. Por esta razón los judíos me agarraron y trataron de matarme en el área del templo. Hasta el día de hoy Dios me ha ayudado. Así que aquí me encuentro dando testimonio tanto a los poderosos como a los humildes. Lo que afirmo no es nada diferente de lo que Moisés y los profetas dijeron que iba a suceder con el Mesías. Ellos dijeron que él tenía que morir, pero que sería el primero en resucitar y que traería luz a los judíos y a los que no son judíos.

Pablo trata de convencer a Agripa (26:24-32)

Mientras Pablo decía esto en su defensa, Festo dijo con voz fuerte:

—¡Estás loco, Pablo! Te volviste loco de tanto estudiar.

Pablo le respondió:

—No estoy loco, excelentísimo Festo. Lo que estoy diciendo es verdad y es razonable. El rey sabe de esto y por eso me atrevo a hablar con toda libertad. Sé que nada de esto ha pasado desapercibido para él porque todo esto sucedió a la vista de todo el mundo. Rey Agripa, ¿cree usted en lo que escribieron los profetas? ¡Yo sé que sí!

El rey Agripa le dijo a Pablo:

—¿Crees que tan fácilmente puedes convencerme de ser cristiano?

Pablo le dijo:

—No importa si es fácil o no, pero yo le

pido a Dios que no sólo usted, sino todos los que me están escuchando puedan ser como yo, pero sin estas cadenas.

El rey Agripa, el gobernador Festo, Berenice y todos los que estaban allí sentados se levantaron. Al salir del cuarto decían entre ellos:

—Este hombre no ha hecho nada por lo que deba morir o ser encarcelado.

Y Agripa le dijo a Festo:

—Este hombre hubiera podido quedar en libertad si no hubiera apelado al emperador.

LECCIÓN 19

Fe en Medio de la Tormenta
Hechos 27:1-2, 9-26,33-44

Pablo va a Roma (27:1-2, 9-12)

Cuando se decidió que íbamos a viajar a Italia, Pablo y los otros prisioneros fueron puestos bajo custodia de Julio, un capitán del ejército del emperador. Subimos a bordo de un barco con matrícula de Adramitio que iba a navegar por diferentes lugares de Asia. Nos acompañaba Aristarco, que era de la ciudad de Tesalónica en Macedonia.

Continuamos navegando con dificultad a lo largo de la costa y llegamos a un lugar llamado Buenos Puertos, cerca de la ciudad de Lasea. Se había perdido mucho tiempo y todavía era peligroso navegar, porque el día del ayuno ya había pasado. Entonces Pablo les advirtió: «Señores, corremos el riesgo de hundirnos en el mar.

Habrá muchas pérdidas, no sólo la carga y el barco, sino también nuestra vida». Pero el dueño y el capitán del barco no estaban de acuerdo con Pablo, y Julio, el oficial que tenía a cargo los soldados, no le hizo caso a Pablo, sino a ellos. Como el puerto no era un sitio seguro para que el barco se quedara todo el invierno, entonces la mayoría decidió que debían irse y tratar de llegar a Fenice para pasar el invierno allá. Fenice es un puerto de Creta que da al suroccidente y noroccidente.

La tormenta (27:13-26, 33-38)

Cuando empezó a soplar un viento suave que venía del sur, ellos pensaron que habían conseguido el viento que querían. Entonces subieron el ancla y navegaron muy cerca de la costa de Creta. Pero entonces llegó de la isla un viento huracanado llamado el Nororiental. La tormenta empujó al barco y no lo dejaba navegar en contra del viento. Entonces dejamos que el viento nos llevara. Fuimos al otro lado de una pequeña isla llamada Cauda y, con mucha dificultad, pudimos subir el bote salvavidas. Después de asegurarlo, los hombres ataron cuerdas alrededor del barco para reforzarlo. Tenían miedo de que el barco golpeara los bancos de arena de la Sirte. Entonces bajaron las velas y dejaron que el viento se llevara el barco. Al día siguiente, el viento soplaba tan fuerte que comenzaron a arrojar la carga del barco al mar. Un día después, con sus propias manos, tiraron el equipo del barco. Al ver que no aparecían ni el sol ni las estrellas durante muchos días y la tormenta continuaba con más fuerza, perdimos toda esperanza de salvarnos. Ninguno de nosotros había comido en muchos días. Entonces Pablo se puso de pie en medio de todos y dijo: «Señores, ustedes debieron haberme hecho caso de no navegar desde Creta, y así no hubieran tenido tantos problemas y pérdidas. Pero ahora les digo que no se preocupen, ninguno de ustedes perderá la vida, solamente se perderá el barco. Anoche Dios, a quien pertenezco y sirvo, envió a un ángel que me dijo: "Pablo, no tengas miedo, vas a presentarte ante el emperador. Dios salvará tu vida y la de todos los que navegan contigo". Así que tengan valor, porque yo tengo fe en Dios y sé que todo pasará tal como me lo dijo el ángel. Pero encallaremos en alguna isla».

Antes de que amaneciera, Pablo empezó a convencerlos de que comieran algo, diciendo: «Llevan dos semanas esperando a ver qué pasa, sin comer nada. Les ruego que coman algo porque lo necesitan para poder sobrevivir. Ninguno perderá ni un solo cabello de la cabeza». Después de decir esto, tomó pan en sus manos y dio gracias a Dios ante todos. Después lo partió y empezó a comer. Todos se sintieron mejor y ellos mismos se animaron a comer. Éramos doscientas setenta y seis personas en el barco. Después de comer lo suficiente, tiraron al mar todo el trigo para que el barco estuviera más liviano.

El naufragio (27:39-44)

Cuando amaneció, los marineros no reconocieron la tierra, pero vieron una bahía con playa y decidieron navegar hasta la orilla si era posible. Entonces cortaron las cuerdas que sostenían las anclas. Al mismo tiempo soltaron el timón y alzaron la vela del frente del barco en la dirección del viento y navegaron hacia a playa. Pero el barco dio contra un banco de arena y encalló de frente, y por detrás empezó a ser destruido por la fuerza de las olas.

Los soldados decidieron matar a los prisioneros para que ninguno escapara nadando. Pero el oficial quería salvarle la vida a Pablo y no dejó que los soldados cumplieran sus intenciones, sino que más bien ordenó a los que sabían nadar que se echaran al agua primero para que alcanzaran la orilla. Los demás usaron tablas de madera o partes del barco. De esta forma todos llegaron a la orilla sanos y salvos.

LECCIÓN 20
El Fin es el Comienzo
Hechos 28:1-31

Pablo en la isla de Malta (28:1-10)

Cuando estuvimos a salvo, supimos que la isla se llamaba Malta. Estaba lloviendo y hacía frío, pero la gente que vivía allí fue muy amable. Nos hicieron una fogata y nos recibieron a todos. Pablo recogió unos palos y los estaba poniendo en la fogata cuando una serpiente salió por el calor y lo mordió en la mano. Los de la isla vieron a la serpiente colgando de la mano de Pablo y dijeron: «Este hombre debe ser un asesino. No murió en el mar, pero la justicia divina no lo deja vivir». Pero Pablo lanzó la serpiente al fuego y a él no le pasó nada. Ellos esperaban que se hinchara o cayera muerto, pero después de esperar mucho vieron que no le pasó nada. Así que cambiaron de opinión y empezaron a decir que Pablo era un dios.

Cerca de allí, había unos terrenos que pertenecían a Publio, el funcionario romano más importante de la isla. Él nos recibió en su casa, fue muy amable y nos quedamos allí tres días. El papá de Publio estaba muy enfermo de fiebre y disentería. Pablo fue a visitarlo, oró por él y después de imponerle las manos, quedó sano. Cuando esto ocurrió, vinieron todos los enfermos de la isla y Pablo también los sanó. La gente de la isla nos atendió muy bien y nos dieron todo lo necesario para el viaje.

Pablo va a Roma (28:11-15)

Tres meses después, abordamos un barco de la ciudad de Alejandría que había estado allí todo el invierno. El barco llevaba al frente la imagen de los dioses gemelos. Paramos en Siracusa y nos quedamos allí tres días. De allí navegamos hasta Regio y al día siguiente llegó un viento del sur y pudimos salir. Un día más tarde llegamos a Puteoli. Encontramos allí a algunos hermanos, quienes nos pidieron que nos quedáramos una semana, y finalmente llegamos a Roma. Los hermanos de Roma supieron que estábamos allí y fueron a encontrarnos al Foro de Apio y a las Tres Tabernas. Cuando Pablo los vio, agradeció a Dios y se animó.

Pablo en Roma (28:16-31)

Cuando llegamos a Roma, dejaron que Pablo viviera aparte, custodiado por un soldado. Tres días después, Pablo mandó llamar a algunos de los líderes judíos de la localidad y les dijo:

—Hermanos, no he hecho nada en contra de nuestro pueblo ni en contra de las costumbres de nuestros antepasados. Sin embargo, fui detenido en Jerusalén y me entregaron a los romanos. Los romanos me hicieron muchas preguntas, pero no pudieron encontrar ninguna razón para matarme, entonces querían dejarme en libertad. Pero los judíos no querían que me soltaran, así que tuve que apelar al emperador, pero no porque tenga nada de qué acusar a mi pueblo. Por eso quería verlos y hablar con ustedes. Estoy atado a estas cadenas porque creo en la esperanza de Israel.

Ellos le respondieron:

—No hemos recibido cartas de Judea que hablen de ti. Ninguno de nuestros hermanos judíos que viajaron desde Judea trajo noticias de ti ni nos dijo nada malo de ti. Pero queremos escuchar tus ideas porque sabemos que en todas partes se habla en contra de esta secta.

Pablo y los judíos decidieron una fecha para la reunión y ese día fueron muchísimos más de ellos a donde se quedaba Pablo. Él les habló solemnemente, desde la mañana hasta la tarde, acerca del reino de Dios para convencerlos respecto a Jesús. Para esto Pablo utilizó la ley de Moisés y las Escrituras de los profetas. Algunos creyeron lo que Pablo decía, pero otros no. Discutieron entre sí y se preparaban para irse, pero Pablo les dijo algo más:

—Bien les decía el Espíritu Santo a sus antepasados a través de su profeta Isaías:

»"Ve a este pueblo y dile:

Por más que oigan, no entiendan.

Por más que miren, no captarán.

Han cerrado su mente,

se taparon los oídos y cerraron los ojos.

Si no fuera así,

entenderían lo que ven y lo que oyen.

Se volverían a mí y yo los sanaría".

»Por lo tanto, quiero que ustedes sepan que Dios envió su salvación a los que no son judíos. ¡Ellos sí escucharán!»

Pablo se quedó dos años completos en una casa alquilada, donde recibía a todos los que iban a visitarlo. Él anunciaba el reino de Dios y enseñaba acerca del Señor Jesucristo. Lo hacía abiertamente y sin que nadie se lo impidiera.

Esgrima Bíblico Infantil

ESGRIMA BÍBLICO INFANTIL

El Esgrima Bíblico Infantil es una parte opcional de los *Estudios Bíblicos para Niños*. Cada iglesia, y cada niño o niña, decide si participará en una serie de eventos competitivos.

Las competencias de Esgrima siguen las reglas que se describen en este libro. Los niños no compiten entre sí para determinar a un ganador. Las iglesias no compiten entre sí para determinar a una ganadora.

El propósito del Esgrima es que ayude a los niños a determinar lo que aprendieron acerca de la Biblia, disfrutar de los eventos de competencia, y crecer en su capacidad para mostrar actitudes y conductas cristianas durante los eventos competitivos.

En el Esgrima, cada niño o niña se desafía a sí mismo o a sí misma a fin de alcanzar un nivel digno de premio. En este acercamiento, los niños compiten contra una base de conocimiento, no unos contra otros. El Esgrima usa un acercamiento de opciones múltiples, permitiendo que cada participante responda todas las preguntas. Las preguntas con opciones múltiples ofrecen varias respuestas, y el niño escoge la correcta. Este acercamiento hace posible que todos los niños resulten ganadores.

MATERIALES PARA EL ESGRIMA

Cada niño necesita números en el Esgrima para responder las preguntas. Los números para el Esgrima son cuatro cuadrados de cartón, cada uno de los cuales tiene una etiqueta en el extremo superior con los números 1, 2, 3 y 4 respectivamente. Los números entran en una caja de cartón.

Las cajas y los números de cartón para el Esgrima, como se ven aquí, se pueden comprar del Nazarene Publishing House en Kansas City, Missouri, Estados Unidos.
Si en su área no consigue las cajas y los números para el Esgrima, puede hacer sus propios números usando cartulina, platos de cartón, madera o el material que tenga disponible. Cada niño necesita un juego de números para el Esgrima.

Cada grupo de niños necesitará a una persona para que anote los puntos por sus respuestas. En la página 163 hay una hoja para puntaje de la cual pueden hacer copias. Use esta hoja para puntaje para mantener registro de las respuestas de cada niño.

Si es posible, entregue algún tipo de premio por el desempeño de los niños en cada competencia de Esgrima. Los premios que sugerimos son: certificados, ilustraciones adhesivas (pegatinas), cintas, trofeos o medallas. En las páginas 160 y 161 incluimos modelos de certificados.

Por favor, sigan estas reglas. Las competencias que no se realicen de acuerdo con las *Reglas y Procedimientos Oficiales del Esgrima Infantil* no calificarán para otros niveles de competencia.

EDADES Y GRADOS ESCOLARES

Los niños del 1° al 6° grado* pueden participar en las competencias de Esgrima Infantil. Los que estén en 7o grado, no importa su edad, participan en el Esgrima de Adolescentes.

COMPETENCIA DE NIVEL BÁSICO

Este nivel de competencia es para los esgrimistas menores o los que recién empiezan. Los esgrimistas mayores que prefieran un nivel más fácil de competencia también pueden participar en el Nivel Básico. Las preguntas del Nivel Básico son más simples. Hay tres respuestas para cada pregunta, con un total de 15 preguntas en cada vuelta. El director distrital o regional de Esgrima Infantil determina las preguntas y el número de vueltas en cada competencia. La mayoría de las competencias tienen dos o tres vueltas.

COMPETENCIA DE NIVEL AVANZADO

Este nivel de competencia es para esgrimistas mayores o con experiencia. Los esgrimistas menores que deseen un desafío mayor pueden participar en el Nivel Avanzado. Las preguntas para el Nivel Avanzado son más extensas. Hay cuatro posibles respuestas para cada pregunta, con un total de 20 preguntas en cada vuelta. El director distrital o regional de Esgrima Infantil determina las preguntas y el número de vueltas en cada competencia de Esgrima.

CAMBIO ENTRE NIVELES

Los niños pueden cambiar entre el Nivel Básico y el Nivel Avanzado sólo para las competencias de Esgrima por Invitación. Esto ayuda a los líderes y a los niños a determinar cuál es el mejor nivel para cada niño.

Para las competencias de zona/área, distrital y regional, el director local debe inscribir a cada niño ya sea para el Nivel Básico o el Nivel Avanzado. El niño tiene que participar en el mismo nivel durante las competencias de zona/área, distrital y regional.

TIPOS DE COMPETENCIA

Competencia por Invitación

Una competencia por invitación se realiza entre dos o más iglesias. Los directores locales de Esgrima Infantil, directores de zona/área de Esgrima Infantil, o directores distritales de Esgrima Infantil pueden organizar competencias por invitación. Las personas que organicen una competencia por invitación tienen la responsabilidad de preparar las preguntas para la competencia.

Información para otros países: En los Estados Unidos, los grados 1°-6° corresponden generalmente a 6-12 años de edad.

Competencia de Zona/Área

Cada distrito puede tener agrupaciones más pequeñas de iglesias que se denominan zonas. Si una zona tiene más esgrimistas que otra, el director distrital de Esgrima Infantil puede separar o combinar las zonas para crear áreas con una distribución más equitativa de esgrimistas. El término "área" significa que las zonas se han combinado o dividido.

Las iglesias ubicadas en cada zona/área compiten en esa zona/área. El director distrital de Esgrima Infantil organiza la competencia. En las competencias de zona/área se usan las preguntas oficiales.

Envíe un mensaje electrónico a *ChildQuiz@nazarene.org* para solicitar estas preguntas a la Oficina General de Esgrima Infantil.

Competencia Distrital

Los niños avanzan de la competencia de zona/área a la competencia de distrito. El director distrital de Esgrima Infantil determina las cualificaciones para la competencia y la organiza.

En las competencias distritales se usan las preguntas oficiales. Envíe un mensaje electrónico a *ChildQuiz@nazarene.org* para solicitar estas preguntas a la Oficina General de Esgrima Infantil.

Competencia Regional

La competencia regional se realiza entre dos o más distritos.

Cuando hay un director regional de Esgrima Infantil, él o ella determina las cualificaciones para la competencia y la organiza. Si no hay un director regional, los directores de los distritos participantes organizan la competencia.

En las competencias regionales se usan las preguntas oficiales. Envíe un mensaje electrónico a *ChildQuiz@nazarene.org* para solicitar estas preguntas a la Oficina General de Esgrima Infantil.

Competencia Mundial de Esgrima

Cada cuatro años, la Oficina General de Esgrima Infantil en conjunto con Ministerios de Escuela Dominical y Discipulado Internacional patrocina un Esgrima Mundial. La Oficina General de Esgrima Infantil determina las fechas, los lugares, los costos, las fechas de las eliminatorias, y el proceso eliminatorio general para todas las competencias de Esgrima Mundial. Envíe un mensaje electrónico a *ChildQuiz@nazarene.org* para solicitar más información.

DIRECTOR DISTRITAL DE ESGRIMA INFANTIL

El director distrital de Esgrima Infantil realiza todas las competencias de acuerdo con las *Reglas y Procedimientos Oficiales del Esgrima Infantil*. Él o ella tiene la autoridad para agregar procedimientos adicionales de Esgrima en el distrito, siempre y cuando no estén en conflicto con las *Re-*

glas y *Procedimientos Oficiales del Esgrima Infantil*. Cuando es necesario, el director distrital de Esgrima Infantil se pone en contacto con la Oficina General de Esgrima Infantil, para solicitar un cambio específico en las *Reglas y Procedimientos Oficiales del Esgrima Infantil para un distrito. El director distrital de Esgrima Infantil* hace decisiones y resuelve problemas dentro de las directrices de las *Reglas y Procedimientos Oficiales del Esgrima Infantil*. Si es necesario, el director distrital de Esgrima Infantil se pone en contacto con la Oficina General de Esgrima Infantil para solicitar una decisión oficial respecto a una situación específica.

DIRECTOR REGIONAL DE ESGRIMA INFANTIL

El director regional de Esgrima Infantil crea un equipo regional de liderazgo de Esgrima Infantil, que consiste de todos los directores distritales de Esgrima Infantil en la región. El director regional de Esgrima Infantil permanece en contacto con este equipo para que los procedimientos se mantengan consistentes en toda la región. Él o ella realiza y organiza las competencias regionales de acuerdo con las *Reglas y Procedimientos Oficiales del Esgrima Infantil*. El director regional de Esgrima Infantil se pone en contacto con la Oficina General de Esgrima Infantil para solicitar cualquier cambio en las *Reglas y Procedimientos Oficiales* del Esgrima Infantil para

una región específica. Ante cualquier conflicto que pudiera surgir, él o ella lo resuelve aplicando las directrices de las *Reglas y Procedimientos Oficiales del Esgrima Infantil.* Si es necesario, el director regional de Esgrima Infantil se pone en contacto con la Oficina General de Esgrima Infantil para solicitar una decisión oficial respecto a una situación específica. Él o ella se pone en contacto con la Oficina General de Esgrima Infantil para incluir la fecha del esgrima regional en el calendario de la iglesia general.

En los Estados Unidos y Canadá, el cargo de director regional de Esgrima Infantil es un puesto en desarrollo. Actualmente esa persona no preside sobre los directores distritales de Esgrima Infantil en la región.

MODERADOR DEL ESGRIMA

El moderador lee las preguntas en la competencia de Esgrima. El moderador lee dos veces la pregunta y las respuestas de opción múltiple antes que los niños respondan la pregunta. Él o ella sigue las *Reglas y Procedimientos Oficiales del Esgrima Infantil* establecidos por la Oficina General de Esgrima Infantil y el director distrital/coordinador regional de Esgrima Infantil. En caso de un conflicto, la autoridad final es el director distrital/regional de Esgrima Infantil, quien consulta las *Reglas y Procedimientos Oficiales del Esgrima Infantil.* El moderador puede participar en diálogos con los anotadores del puntaje y el director distrital/regional de Esgrima Infantil respecto a un cuestionamiento. El moderador puede establecer un receso.

ANOTADOR DEL PUNTAJE

El anotador del puntaje lleva registro de las respuestas de un grupo de niños. Él o ella puede participar en diálogos con los anotadores del puntaje y el director distrital/regional de Esgrima Infantil respecto a un cuestionamiento. Todos los anotadores del puntaje deben usar el mismo método y los mismos símbolos para asegurar el conteo correcto de los puntos.

PREGUNTAS OFICIALES DEL ESGRIMA

El director distrital de Esgrima Infantil es la única persona en el distrito que puede obtener una copia de las preguntas oficiales de la competencia de zona/área y distrito.

El director regional de Esgrima Infantil es la única persona en la región que puede obtener una copia de las preguntas oficiales de la competencia regional. Si no hay un director regional de Esgrima Infantil, un director distrital de Esgrima Infantil, cuyo distrito esté participando, puede obtener una copia de las preguntas oficiales de la competencia regional.

Cada año se enviarán por correo electrónico los formularios para solicitar las preguntas oficiales anuales. Contacte la Oficina General de Esgrima Infantil en ChildQuiz@nazarene.org para actualizar su dirección electrónica. A quienes las soliciten, las preguntas oficiales les llegarán por correo electrónico.

MÉTODOS DE COMPETENCIA

Hay dos métodos de competencia.

Método Individual

En el método individual de competencia, los niños compiten como individuos. El puntaje de cada niño está separado de todos los demás puntajes. Los niños de una misma iglesia pueden sentarse juntos, pero los puntajes individuales no se suman para obtener un puntaje como iglesia o equipo. No hay preguntas adicionales para los esgrimistas individuales.

El método individual es el único que se puede usar para la competencia de Nivel Básico.

Método Combinado

El método combinado une la competencia de esgrima individual y la de equipo. En este método, las iglesias pueden enviar esgrimistas individuales, equipos o una combinación a la competencia.

El director distrital de Esgrima Infantil determina el número de niños que se necesitan para formar un equipo. Todos los equipos deben tener el mismo número de esgrimistas. El número de niños que se recomienda para un equipo es cuatro o cinco.

Los niños de iglesias que no tienen suficientes esgrimistas para formar un equipo, pueden competir como esgrimistas individuales.

En el método combinado, los equipos califican para preguntas adicionales. Los puntos adicionales, otorgados por una respuesta correcta a una pregunta adicional, llegan a ser parte del puntaje total del equipo en vez de contarse como puntaje individual de un esgrimista. Hay preguntas adicionales con las preguntas oficiales para las competencias de zona/área, distrital y regional. Generalmente las preguntas adicionales consisten en decir un versículo de memoria.

El director distrital de Esgrima Infantil selecciona ya sea el método individual o el método combinado para la competencia de Nivel Avanzado.

EMPATES

Cuando esgrimistas individuales o equipos obtienen el mismo puntaje final, nunca se hace el desempate. Todos los esgrimistas individuales o equipos que empaten reciben el mismo reconocimiento, el mismo premio, y avanzan igualmente al siguiente nivel de competencia

PREGUNTAS ADICIONALES

Las preguntas adicionales son parte del Nivel Avanzado, pero solamente con equipos, no individuos. Los equipos deben calificar para una pregunta adicional. Las preguntas adicionales se hacen después de las preguntas 5, 10, 15 y 20.

A fin de calificar para una pregunta adicional, un equipo sólo puede tener tantas respuestas incorrectas como el número de miembros que hay en el equipo. Por ejemplo, un equipo de cuatro miembros puede tener cuatro o menos respuestas incorrectas. Un equipo de cinco miembros puede tener cinco o menos respuestas incorrectas.

Los puntos adicionales por una respuesta correcta llegan a ser parte del puntaje total del equipo, no del puntaje individual del niño.

El director distrital de Esgrima Infantil determina la manera en que los niños responden las preguntas adicionales. En la mayoría de los casos, el niño da la respuesta oralmente al anotador del puntaje.

Antes que se lea la pregunta adicional, el director local de Esgrima Infantil escoge a un miembro del equipo para que responda la pregunta adicional. El mismo niño puede responder todas las preguntas adicionales en una competencia, o un niño diferente puede responder cada pregunta adicional.

RECESOS [TIEMPO MUERTO]

El director distrital de Esgrima Infantil determina el número de recesos para cada iglesia. Cada iglesia recibe el mismo número de recesos, sin importar el número de esgrimistas individuales o equipos que tenga esa iglesia. Por ejemplo, si el director distrital decide dar un receso, cada iglesia recibe un receso.

El director distrital de Esgrima Infantil determina si habrá un receso automático durante la competencia, y el momento específico en que se dará el receso en cada competencia.

El director local de Esgrima Infantil es la única persona que puede pedir un receso para el equipo de una iglesia local.

El director distrital de Esgrima Infantil o el moderador puede pedir un receso en cualquier momento.

El director distrital de Esgrima Infantil, antes que empiece la competencia, determina la duración máxima de los recesos para la competencia.

PUNTAJE

Hay dos métodos para ganar puntos. El director distrital de Esgrima Infantil selecciona el método.

Cinco Puntos

- Dar cinco puntos por cada respuesta correcta. Por ejemplo, si un niño responde correctamente 20 preguntas en una vuelta de Nivel Avanzado, el niño gana un total de 100 puntos.
- Dar cinco puntos por cada respuesta adicional correcta en una vuelta de Nivel Avanzado de Esgrima en equipo. Por ejemplo, si cada miembro de un equipo de cuatro personas responde correctamente 20

preguntas en una vuelta de Nivel Avanzado, y el equipo responde correctamente cuatro preguntas adicionales, el equipo gana un total de 420 puntos.

En el Nivel Básico el puntaje será menor porque sólo hay 15 preguntas en cada vuelta, y solamente es una competencia individual.

Un Punto

Dar un punto por cada respuesta correcta de la siguiente manera:

- Dar un punto por cada respuesta correcta. Por ejemplo, si un niño responde correctamente 20 preguntas en una vuelta de Nivel Avanzado, el niño gana un total de 20 puntos.
- Dar un punto por cada respuesta adicional correcta en una vuelta de Nivel Avanzado de Esgrima en equipo. Por ejemplo, si cada miembro de un equipo con cuatro personas responde correctamente 20 preguntas en una vuelta de Nivel Avanzado, y el equipo responde correctamente cuatro preguntas adicionales, el equipo gana un total de 84 puntos.

En el Nivel Básico el puntaje será menor porque sólo hay 15 preguntas en cada vuelta, y solamente es una competencia individual.

CUESTIONAMIENTOS

Los cuestionamientos deben ser una excepción y no son comunes durante una competencia.

Presente un cuestionamiento sólo cuando la respuesta marcada como correcta en las preguntas es realmente incorrecta de acuerdo con la referencia bíblica dada para esa pregunta. Los cuestionamientos presentados por cualquier otra razón son inválidos.

Un esgrimista, un director de Esgrima Infantil, o cualquier otro participante en la competencia no puede presentar un cuestionamiento porque le desagrade la redacción de una pregunta o respuesta, o porque piense que una pregunta es demasiado difícil o confusa.

El director local de Esgrima Infantil es la única persona que puede presentar el cuestionamiento de una pregunta de la competencia.

Si una persona, que no sea el director local de Esgrima Infantil, intenta presentar un cuestionamiento, éste automáticamente se considera como "inválido".

Las personas que presentan cuestionamientos inválidos interrumpen la competencia y causan que los niños pierdan la concentración. Las personas que continuamente presenten cuestionamientos inválidos, o creen problemas discutiendo acerca de la decisión respecto a un cuestionamiento, perderán su privilegio de cuestionar preguntas por el resto de la competencia.

El director distrital de Esgrima Infantil, o el moderador en caso de ausencia del director distrital de Esgrima Infantil, tiene la autoridad para quitar el privilegio de cuestionar preguntas a alguna persona o a todas las personas que abusen de ese privilegio.

El director distrital de Esgrima Infantil determina cómo cuestionar una pregunta de la competencia antes del inicio de la competencia.

- ¿Será el cuestionamiento escrito o verbal?
- ¿Cuándo puede una persona cuestionar (durante una competencia o al final de ésta)?

En el inicio del año de esgrima, el director distrital de Esgrima Infantil debe explicar a los directores locales de Esgrima Infantil el procedimiento para presentar cuestionamientos.

El moderador y el director distrital de Esgrima Infantil seguirán los siguientes pasos para decidir respecto al cuestionamiento.

- Determinen si el cuestionamiento es válido o inválido. Para hacerlo, escuchen la razón del cuestionamiento. Si la razón es válida, es decir, la respuesta dada como la respuesta correcta es incorrecta de acuerdo con la referencia bíblica, sigan los procedimientos para cuestionamientos que el distrito ha formulado.
- Si la razón del cuestionamiento es

inválida, anuncien que el cuestionamiento es inválido y la competencia continúa.

Si más de una persona cuestiona la misma pregunta, el moderador o el director distrital de Esgrima Infantil selecciona a un director local de Esgrima para que explique la razón del cuestionamiento. Después que una pregunta tiene un cuestionamiento, otra persona no puede cuestionar la misma pregunta.

Si un cuestionamiento es válido, el director distrital de Esgrima Infantil, o el moderador en caso de que esté ausente el director, determina cómo proceder con la pregunta cuestionada. Elija una de las siguientes opciones:

Opción A: Eliminar la pregunta y no remplazarla. El resultado es que una competencia de 20 preguntas será sólo de 19 preguntas.

Opción B: Dar a cada niño los puntos que él o ella recibiría por una respuesta correcta a la pregunta cuestionada.

Opción C: Remplazar la pregunta cuestionada. Hacer una pregunta nueva a los esgrimistas.

Opción D: Dejar que los niños que dieron la respuesta que aparecía como la respuesta correcta en las preguntas oficiales conserven sus puntos. Dar otra pregunta a los niños que dieron una respuesta incorrecta.

NIVELES DE PREMIOS

El Esgrima Infantil tiene la filosofía de que todo niño tiene una oportunidad de responder a todas las preguntas, y que todo niño recibe reconocimiento por todas las respuestas correctas que da. Por tanto, el Esgrima Infantil usa la competencia de opciones múltiples, y los empates nunca se deshacen.

Los niños y las iglesias no compiten entre sí. Compiten para alcanzar un nivel de premiación. Todos los niños y todas las iglesias que alcanzan el mismo nivel de premiación, reciben el mismo premio. Los empates quedan como puntajes empatados.

Niveles de Premios que se Recomiendan:
Premio de Bronce = 70-79% de respuestas correctas
Premio de Plata = 80-89% de respuestas correctas
Premio de Oro = 90-99% de respuestas correctas
Premio Estelar de Oro = 100% de respuestas correctas

Hagan todas las decisiones sobre puntajes y cuestionamientos antes de entregar los premios. El moderador y los anotadores de puntaje deben estar seguros de que todos los puntajes finales son correctos antes de la entrega de premios.

Nunca le quiten el premio a un niño después que éste lo haya recibido. Si hay un error, los niños pueden recibir un premio superior, pero no un premio inferior. Esto se aplica a los premios individuales y a los premios de equipos.

ÉTICA EN LA COMPETENCIA

El director distrital de Esgrima Infantil es la persona en el distrito que tiene la responsabilidad de realizar las competencias de acuerdo con las *Reglas y Procedimientos Oficiales del Esgrima Infantil.*

- **Escuchar las Preguntas Antes de la Competencia**. Puesto que las competencias usan las mismas preguntas, no es apropiado que los niños y trabajadores asistan a otra competencia de zona/área, distrital o regional antes de participar en su propia competencia del mismo nivel. Si un trabajador adulto de Esgrima asiste a otra competencia, el director distrital de Esgrima Infantil puede hacer la decisión de descalificar a la iglesia de participar en su competencia. Si un padre y/o niño asiste a otra competencia, el director distrital de Esgrima Infantil puede hacer la decisión de descalificar a la iglesia de participar en su competencia.

- **Conducta y Actitudes del Trabajador.** Los adultos deben comportarse en una manera profesional y cristiana. Los diálogos respecto a desacuerdos con el director distrital de Esgrima Infantil, el moderador o los anotadores de puntaje deben realizarse en privado. Los trabajadores adultos de Esgrima no deben compartir con los niños información acerca del desacuerdo. Una actitud de cooperación y buen espíritu deportivo son importantes. Las decisiones y los fallos del director distrital de Esgrima Infantil son finales. Comunique estas decisiones en un tono positivo a los niños y adultos.

TRAMPA

Hacer trampa es algo serio. Trátelo seriamente.

El director distrital de Esgrima Infantil, en diálogo con el Concilio de Ministerios de Niños del distrito, determina el procedimiento a seguir en caso de que un niño o un adulto haga trampa durante una competencia.

Asegúrese de que todos los directores locales de ministerios de niños, los pastores de niños y los directores locales de Esgrima Infantil reciban las reglas y procedimientos del distrito. Antes de acusar a un adulto o a un niño de haber hecho trampa, tenga pruebas o un testigo de que hubo trampa.

Asegúrese de que la competencia de esgrima continúe y que la persona acusada de hacer trampa no sea avergonzada delante de otros. El siguiente es un modelo de procedimiento.

- Si sospecha que un niño hizo trampa, pida a alguien que actúe como juez para observar las áreas, pero no señale a algún niño de quien se sospeche. Después de algunas preguntas, pida la opinión del juez. Si el juez no vio ninguna trampa, continúe con la competencia.
- Si el juez vio a un niño haciendo trampa, pídale al juez que lo confir-

me. No tome ninguna acción hasta que todos estén seguros.

- Explique el problema al director local de Esgrima Infantil, y pida al director que hable en privado con la persona acusada.

- El moderador, el juez y el director local de Esgrima Infantil deben observar si se continúa haciendo trampa.

- Si continúa haciendo trampa, el moderador y el director local de Esgrima Infantil deben hablar en privado con la persona acusada.

- Si continúa haciendo trampa, el moderador debe comunicar al director local de Esgrima Infantil que eliminará el puntaje del niño de la competencia oficial.

- En el caso de que un anotador de puntaje haya hecho trampa, el director distrital de Esgrima Infantil le pedirá al anotador que se retire, y otro anotador de puntaje ocupará su lugar.

- En el caso de que alguien de la audiencia haga trampa, el director distrital de Esgrima Infantil se hará cargo de la situación en la manera más apropiada.

DECISIONES NO RESUELTAS

Consulte con la Oficina General de Esgrima Infantil respecto a decisiones que no se hayan resuelto.

CERTIFICADO DE CULMINACIÓN DE ESTUDIO

presentado a

_____

Nombre

Felicitaciones por haber culminado con éxito
Los Estudios Bíblicos para Niños: Hechos

_____
Maestro/Maestra

_____
Fecha

_____
Lugar

Premio Por Excelencia

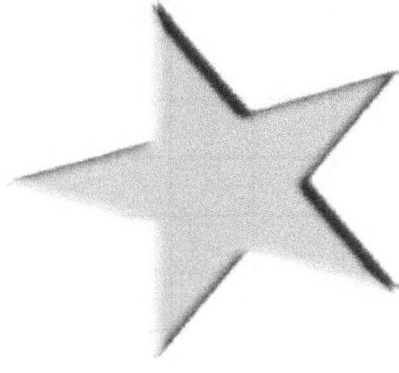

presentado a

¡Muy bien! Reconocemos tu desempeño excepcional en los Estudios Bíblicos para Niños: Hechos

Fecha

Lugar

Por

HOJA DE ASISTENCIA

Escriba los nombres de los niños en los espacios provistos. Coloque una X en la columna por cada lección a la que asista el niño. Si necesita más espacios, puede hacer copias de esta hoja de asistencia.

NOMBRE	1	2	3	4	5	6	7	8	9	10	11	12	13	14	15	16	17	18	19	20

Tabla de Puntaje

Instrucciones: En el Esgrima Básico se usan las preguntas 1-15. En el Esgrima Avanzado se usan 20 preguntas. Lea las Reglas y Procedimientos Oficiales para ver las instrucciones completas.

Vuelta 1

Nombres:	1	2	3	4	5	6	7	8	9	10	11	12	13	14	15	16	17	18	19	20	Total

Puntos Adicionales del Equipo:

Puntaje Total del Equipo

Vuelta 2

Nombres:	1	2	3	4	5	6	7	8	9	10	11	12	13	14	15	16	17	18	19	20	Total

Puntos Adicionales del Equipo:

Puntaje Total del Equipo

Vuelta 3

Nombres:	1	2	3	4	5	6	7	8	9	10	11	12	13	14	15	16	17	18	19	20	Total

Puntos Adicionales del Equipo:

Puntaje Total del Equipo

163

¡GRACIAS!

Gracias a todos los que contribuyeron al Proyecto de Ofrenda Misionera de 2008-2009, Niños Alcanzando a Niños: El Desafío D-Codificar. Sus ofrendas hicieron posible la publicación de la serie de seis libros de *Estudios Bíblicos para Niños*: 1 y 2 Samuel; Mateo; Hechos; Génesis; Éxodo; y Josué, Jueces y Rut.

Cada año, niños de más de 1,000 organizaciones locales de todo el mundo dan para este proyecto. Además de reunir dinero para los *Estudios Bíblicos para Niños*, Niños Alcanzando a Niños impacta a niños alrededor del mundo en muchas formas admirables. El nombre de esta ofrenda especial es muy apropiado. Realmente es un medio para que niños ayuden a niños. Aquí presentamos un informe de otros proyectos patrocinados por medio de Niños Alcanzando a Niños:

Niños Alcanzando a Niños: El Proyecto Esperanza (2009-2010):
- Suple para las necesidades básicas de niños en el Centro de Compasión de Herstelling en Guayana.
- Ayuda en el programa de Almuerzos Calientes en Haití y en el Proyecto de Agua en Haití.
- Ofrece cuidado a niños huérfanos por causa del sida y a niños vulnerables en África.
- Da esperanza a familias y a niños discapacitados en Tonga.
- Ayuda a niños y familias afectados por el terremoto de magnitud 8.9 en Japón.
- Brinda ayuda a huérfanos en Vidrare, Bulgaria.
- Ayuda a niños de barrios pobres por medio de Cincinnati Urban Promise en Ohio, EUA.

Niños Alcanzando a Niños: En Busca de Estrellas Misionales (Mission STAR Quest)*:
- Apoyo al esfuerzo del Centro de Esperanza en Sudáfrica para hallar soluciones para la pobreza.
- Educación para niños y familias en Mozambique por medio del programa de Evangelismo y Salud para la Comunidad.
- Compra de computadoras y escritorios para escuelas cristianas en el Medio Oriente.
- Ayuda a los niños de la escuela nazarena en Beirut, Líbano, proveyéndoles calefacción y electricidad confiables.
- Ayuda en los esfuerzos del Centro de Esperanza de Calle Amador en Vellajo, California, EUA.
- Ayuda para reconstruir templos y escuelas en Haití y la República Dominicana afectados por huracanes.

Esto es sólo parte de todo lo que Niños Alcanzando a Niños está haciendo por niños alrededor del mundo. En 2011-2012, los niños están recaudando dinero por medio de *Sus Manos: Jesús, Milagros, Medicina y Yo.* El dinero que se reúna mediante esta ofrenda ayudará a suplir las necesidades médicas para niños y sus familias. El total de lo recaudado se divide equitativamente entre las seis regiones mundiales nazarenas. Participe con nosotros al unirnos en Cristo Jesús para llevar esperanza a nuestro mundo.

Para obtener más información acerca de Niños Alcanzando a Niños, y para apoyar el plan de *Sus Manos* y otros proyectos de ofrendas en el futuro, contacte a su representante regional de Ministerios de Escuela Dominical Internacional. Visite también nuestra página web en www.kidsreachingkids.com.

*STAR: sigla en inglés para Suplir Totalmente Asombrosos Recursos a escuelas cristianas y centros de desarrollo para la niñez en lugares con escasos recursos.

www.ingramcontent.com/pod-product-compliance
Lightning Source LLC
Chambersburg PA
CBHW081512040426
42447CB00013B/3196